기독교
사용 설명서
10

혼인

기독교 사용 설명서 10

혼인

초판 1쇄 인쇄 2021년 12월 25일
초판 1쇄 발행 2021년 12월 30일

지은이 | 윤석준
펴낸이 | 강인구
펴낸곳 | 세움북스

등 록 | 제2014-000144호
주 소 | 서울시 서대문구 연희로 160 연희회관 3층 302호
전 화 | 02-3144-3500
팩 스 | 02-6008-5712
이메일 | cdgn@daum.net

교 정 | 이윤경
디자인 | 참디자인

ISBN 979-11-91715-30-9 (03230)
 SET 979-11-91715-20-0 (03230)

기독교
사용 설명서

10

혼인

윤석준
지음

세움북스

목차

시리즈 서문

독일의 개혁자 마틴 루터가 비텐베르크 성곽교회 문에 면벌부를 반박하는 95개조 대자보를 내 붙인 지 500년을 훌쩍 지나 몇 년이 더 흘러가고 있습니다. 종교개혁은 제도적인 개혁, 도덕적인 개혁에 불과한 것이 아니었습니다. 종교개혁은 예배의 개혁이면서 동시에 교리와 삶의 총체적인 개혁이었습니다. 이 종교개혁이 거대한 로마교회체제와 성도들의 신앙생활을 흔들어 놓았습니다. 하나님을 참되게 예배하기 시작하면서 교인들은 두려움이 아니라 기쁨과 감사 가운데 살아가기 시작했습니다. 그 개혁의 불꽃이 교회만이 아니라 유럽 사회 전체를 새롭게 했습니다. 과연 우리 한국개신교회는 개혁의 그 아름다운 모습을 얼마나 누리고 있을까요?

종교개혁 500주년을 맞아 종교개혁이 교회의 몇몇 악습을 제거한 것이 아니라 총체적인 개혁이었음을 드러내기 위해 『종교개혁자들과의 대화』(SFC출판부) 12권 시리즈를 발간한 바 있습니다. 그 시리즈를 통해 종교개혁이 예배, 교회, 역사, 교육, 가정, 정치, 경제, 문화, 학문, 교리, 과학, 선교를 어떻게 변화시켰는지 살펴 보았습니다. 우리 청소년들이 어떤 영역에서 일하든 하나님의 사람으로 살아갈 수 있다는 것을 보여주려고 했습니다. 이 종교개혁 500주년의 후속 작업이 바로 본 시리즈 『기독교 사용 설명서』입니다. 본 시리즈는 우리 기독교의 근본을 재확인하고, 다시금 개혁의 정신을 되살려 오직 하나님의 영광을 위해 살아가고자 하는 마음으로 기획했습니다.

본 시리즈에서는 기독교를 총 4부로 나누어서 설명합니다. 제1부는 종교개혁, 교회정치, 교회직분입니다. 우리는 종교개혁의 역사를 통해 교회정치와 직분이 어떻게 새로워졌는지를 잘 알아야 합니다. 제2부는 사도신경, 십계명, 주기도문입니다. 개혁자들은 교리문답을 만들었는데 그 교리문답들의 대부분은 이 세 가지를 해설하면서 기독교신앙의 요체를 드러내었습니다. 사도신경은 우리가 믿고 있는 삼위일체 하나님을 고백하는 것이고, 십계명과 주기도문은 우리가 어떻게 감사의 삶을 살아야 하는지를 잘 보여주고 있습니다. 제3부는 공예배, 교회예식, 교회력입니다. 교회는 예배를 위해 부름받았고, 각종 예식을 통해 풍성함을 누리고 교회력을 통해 이 세상에서 그리스도를 누리면서 새로운 시간을 살아갑니다. 마지막 제4부는 혼인, 가정예배, 신자의 생활입니다. 우리는 하나님이 처음부터 제정하신 제도인 혼인을 통해 언약가정을 이루고 가정에서 예배하면서 기독교인으로서 이 세상을 살아갑니다.

그동안 덮어놓고 믿었던 것이 교회의 쇠퇴와 신앙의 배도에까지 이르고 있습니다. 코로나시대에 함께 모여 예배하고 교제하는 것이 힘들어졌지만 기독교신앙에 대해 치열하게 학습할 수 있는 절호의 기회입니다. 우리가 무엇을 믿는지, 어떻게 살아야 하는지 근본에서부터 잘 학습해야 하겠습니다. 각 세 권씩으로 구성된 총 4부의 『기독교 사용 설명서』를 통해 우리 기독교와 교회의 자태를 확인하고 누릴 수 있기를 바랍니다. 12권 시리즈로 기획했기에 매월 한 권씩 함께 읽으면서 공부하고 토론하기에 좋을 것입니다. 기존 신자들 뿐만 아니라 자라나는 우리 청소년과 청년들이 이 시리즈를 통해 기독교의 요체를 확인하고 믿음의 사람들로 든든히 서서 교회를 잘 세우면서 이 세상에서 담대하게 살아갈 수 있기를 바랍니다. 교회를 세우기 위해 가르치면서 해당 주제를 잘 집필해 주신 집필자들의 수고에 감사를 드리고, 이 시리즈 기획을 흔쾌히 받아 출간하는 세움북스 강인구대표께 진심으로 감사를 드립니다.

2021년 11월

개혁교회건설연구소

들어가며

혼인에 대하여

통계청이 2019년 11월 5일 발표한 자료에 따르면 13세 이상 인구 중 "결혼을 해야 한다"고 생각하는 비율이 48.1%로 처음으로 50% 이하로 떨어졌다고 합니다. 남성이 52.8%, 여성이 43.5%였는데 이제 우리 주변에서 만나는 대다수의 사람들의 경우 두 사람 중 하나는 결혼이 필요 없다고 생각하고 있는 시대라는 의미입니다.

이런 생각은 현실적으로도 반영이 되어 30대 미혼 인구를 보면 2000년에는 남성 19.2%, 여성 13.4%였던 것이 2015년 통계로는 남성 44.2%, 여성 36.3%로 불과 십여 년 사이에 미혼 인구가, 즉 결혼을 하지 않거나 못한 인구가 폭증한 것을 볼 수 있습니다.

최근 들어 페미니즘의 문제와 남혐/여혐의 문화가 사회

전반의 촉각을 곤두세우고 있고, 인구감소 문제 역시 두드러져 인구대비 출산율 0% 대의 거의 유일한 나라로 알려지면서 사회적으로 시끄럽습니다. 그런데 이런 두 문제 역시 사실은 혼인과 깊은 관련을 맺고 있습니다. 남혐/여혐의 대립구도는 근본적으로 두 성 간의 관계를 혼인과 같은 협력관계로 보지 않고 갈등관계로 보기 때문이며, 인구감소 역시 혼인 후의 비출산도 문제이지만 사실 근본적으로는 비혼을 선택하는 사람이 많아지면서 혼인이 줄어든 것에 크게 기인하고 있기 때문입니다.

과거에는 혼인에 대해 가르치려 할 때 "혼인을 통해 무엇을 이루어야 하는가"만 가르치면 되었습니다. 하지만 현대사회의 영향을, 특히 미디어의 영향을 아주 크게 받는 젊은 층, 청소년층의 경우(실제로 이들이 혼인을 곧 해야 할 이들이다!), 이미 사회적 동향인 '혼인을 무쓸모한 것으로 여기는' 풍조에 깊이 물들어 있기 때문에 이제는 오히려 근본적인 질문부터 해야 하게 되었습니다. '혼인을 통해 무엇을 이룰지'를 말하기 전에, '혼인이 필요하다'는 이야기부터 먼저 해야 하게 되었기 때문입니다.

웨스트민스터 신앙고백서를 보면 제24장에서 혼인의 의

의를 "혼인은 남편과 아내가 서로 돕도록 하기 위하여, 그리고 합법적으로 자녀를 낳아 인류를 증가시키기 위하여 제정되었다. 교회를 두고 말하자면 경건한 자손들을 증가시키며, 불결함을 막기 위하여 제정된 것이다"(김영재 역)라고 서술하고 있습니다. 혼인은 몇 가지 목적을 가지고 있는데, 남편과 아내가 서로를 돕는 것, 인류의 증가, 경건한 자손의 증가, 부정과 타락의 방지 등이라는 것입니다. 즉, 우리가 따르는 신앙고백에 의하면 혼인은 사람의 일반적인 목적과 신자로서의 믿음의 이유를 동시에 가지고 있는 셈입니다. 서양 혼인법 연구에 있어 저명한 존 위티 주니어(John Witte, Jr.)는 루터파와 칼뱅주의, 영국 성공회를 함께 비교하면서 이들이 모두 가톨릭의 '혼인을 성례로 보는 것'에 대해서는 반대했으나 혼인에는 '자연적 관점'과 '언약적 관점'이 함께 공존함을 강조했다고 쓰고 있습니다. 특히 칼뱅주의 전통을 다루는 부분을 살펴보면 혼인이 '언약 관계'임을 크게 강조하고 있습니다. 혼인이 사회적인 면에서도 중요하지만, 신앙적인 면에서도, 우리 믿음의 발현이라는 측면에서 극히 중요한 위치를 차지하고 있음을 말한 것입니다.

로마서가 경건을 설명하면서 "이 세대를 본받지 않는

것"(롬 12:2)을 말하는 것은 모든 시대, 모든 주제에 걸쳐 진리입니다. 신자는 세속을 거스르며 살아가는 사람들입니다.

요한복음 1장은 하나님의 자녀를 특징짓는 말로 "혈통이나 육정(헬라어로는 '육체의 뜻/정욕', 뗄레마), 사람의 뜻(헬라어로는 '사람의 뜻/정욕', 뗄레마)으로 나지 아니하고 오직 하나님께로부터 난 자들"(13절)이라고 하였습니다. 세상에는 세상의 뜻/정욕(헬. 뗄레마)이 있고, 하나님께로서 난 자들은 이 뜻/정욕과 다르게 살아간다는 의미입니다. 그리고 이것을 요한복음은 '금욕'과 같은 용어로 표현하지 않고 하나님의 자녀가 되는 '권세'(헬. 엑수시아)라고 표현하였습니다. 세상을 거슬러 살아가는 것이 우리의 권세라는 것입니다.

따라서 혼인에 대한 태도에 있어서도 이 사실은 진리입니다. 세상이 혼인을 거역하고 있는 것과는 달리, 우리는 '믿음의 이유를 가졌기 때문에' 혼인을 통해 하나님께서 주시고자 하신 언약의 큰 기쁨들을 잘 알고 누리며 가르쳐야 합니다.

혼인의 의미, 이 신비에 대해 함께 살펴보면서 말씀 속에서 하나님께서 혼인에 주신 풍성한 의미들을 살펴보고 우리의 혼인들이 어떻게 그 언약과 은혜의 충분한 증빙인지를 깨달아 복된 은혜가 가득하게 되시기를 소망하면서, 펜을 들어보겠습니다.

기독교 사용 설명서 10 │ 혼인

제1장
혼인의 제정

제1장
혼인의 제정

사람의 존재 목적을 생각함

창세기 1장과 2장은 사람의 창조목적, 곧 인간의 존재 이유가 무엇인지를 잘 알려주고 있습니다. 이 부분은 일반적 관점과 교회적·신앙적 관점으로 나누어 생각할 수 있습니다. 물론 범죄 이전은 일반적 관점 역시 신앙적이었으나 성경이 영역을 나누어 말씀하고 있기 때문에 충분히 좋은 분류라고 생각이 됩니다.

우리가 잘 아는 창세기 1장 28절 말씀은 소위 '문화명령'이라고 불리는 것으로서 사람이 온 땅을 다스려야 할 것을 가르칩니다. "생육, 번성, 땅에 충만, 정복과 다스림." 하나님께서 인류를 지으셔서 이들을 통하여 세상에 무엇을 기대하셨는가가 이 말씀에 잘 나타납니다.

두 번째 영역은 2장 15절 말씀을 통해 알 수 있습니다.

> "여호와 하나님이 그 사람을 이끌어 에덴동산에 두어 그것을 경작하며 지키게 하시고"

앞의 명령이 온 세계를 향해 주어진 말씀이라면, 이 말씀은 에덴동산 안에서 행해야 할 일을 보여줍니다. '두다'라는 말은 히브리어로 "안식하게 하다"라는 의미로, 사람이 에덴동산 안에서 구체적으로 무엇을 지향해야 할지를 보여줍니다. '경작하며'는 사실 앞의 5절에서 땅에 대해 '경작'이라고 나왔기 때문에 이렇게 번역했지만 이 단어의 문자적 의미는 '섬기다'입니다. 그리고 이어지는 '지키다'와 이 말을 같이 읽어보면, 둘이 함께 구약성경에서 사용될 때는 제사장의 성전 안에서의 직무를 가리키는 말입니다.

따라서 에덴동산 안에서의 명령을 보여주는 2장 15절의 말씀은 실은 '사람의 성전 안에서의 제사장적 직무' 곧 '교회적/신앙적 직무'라고 말할 수가 있는 것입니다. 구체적으로

'섬김'은 (우리가 영어에서도 예배에 service를 사용하듯이) 예배적 직무를, '지키다'는 교회 바깥에서 죄악적 침입에 대해 성전을 방어해야 할 직무를 보여주고 있습니다.

우리가 성경의 제일 첫머리에 해당하는 창세기 1장과 2장을 읽으면서 하나님께서 사람을 왜 지으셨는가를 생각하면, 우선적으로 우리에게는 이 사실들이 떠올라야 합니다. 하나님은 단지 사람을 희희낙락하면서 삶을 즐기라고 세상에 지으신 것이 아니라, 바깥으로는 세상을 정복하고 다스리며 안으로는 교회 안에서의 예배와 교회의 거룩을 지키는 소명을 인류에게 주신 것입니다.

바로 이 점에서 우리는 하나님께서 이렇게 지으신 인류가 어떤 점에서 하나님 보시기에 "부족하다"라고 말씀하신 것에 주의를 기울여야 합니다. 창세기 1장에서 하나님께서 세상을 지으셨을 때 계속해서 반복하여 말씀하신 것은 "좋았더라"입니다. 히브리어로는 '키 토브'가 반복됩니다. "따라서 좋았다, 그러므로 좋았다" 정도의 뜻입니다. 하지만 똑같은 단어 '토브(good)'가 창세기에서 처음으로 '로 토브', 곧 "좋지 않았다"라고 등장하는 곳이 창세기 2장 18절 말씀입니다.

"여호와 하나님이 이르시되 사람이 혼자 사는 것이 좋지 아니

하니 내가 그를 위하여 돕는 배필을 지으리라 하시니라"

우리는 하나님께서 지으신 세계가 '완성된 세계'가 아니라는 점에 주목해야 합니다. 비록 이 세계는 '완전'하였지만 작업이 끝난 세계가 아니었습니다. 하나님은 개간해야 할 수많은 재료들이 널려 있는 지구를 지으신 후에, 이 세계를 가꾸고 발전시키는 임무를 사람에게 주신 것입니다. 바로 이것이 사람이 하나님으로부터 받은 직무이며, 세상 속에서 사람이 이루어나가야 할 중대한 사명입니다. 그런데 바로 이 일을 하려고 할 때 하나님께서 보시기에 "아담 혼자서는 부족하다"라고 하셨던 것입니다. 아담에게는 '돕는' 배필(히. 에제르 크네그도, 조력자)이 필요했습니다.

우리는 혼인에 대해서 생각할 때, 반드시 그 첫 생각을 '인류의 사명'이라는 측면에서 접근해야 합니다. 혼인을 제정하신 하나님께서 무엇보다 그 시작을 '사람이 이루어나가야 할 일을 이루는 데에 부족한 것을 돕는 배필을 통해 채우시기 위하여' 혼인을 제정하시기 때문입니다. 만약 신자임에도 불구하고 '자신의 눈에 좋은 대로만' 이성을 취하여 혼

인하려고 한다면, 이는 불신자들의 혼인과 다를 바가 없게 됩니다. 혼인이 인류의 사명과 연결되어 있음을 잘 기억하도록 합시다.

배필이 필요했던 까닭

"여호와 하나님이 이르시되 사람이 혼자 사는 것이 좋지 아니하니 내가 그를 위하여 돕는 배필을 지으리라 하시니라"(창 2:18)

하나님께서 인류를 지으신 목적을 그에게 주신 과업의 입장에서 생각하고, 동시에 하나님께서 배필을 주신 것을 이 과업을 이루는 데 있어서의 부족함을 채우시기 위한 것으로 이해한다면 혼인의 문제는 단순히 '내 인생을 풍요롭게 하는 일'이라거나, '내 사랑을 충족시키는 일' 정도의 문제가 아니라는 것을 깨닫게 됩니다.

우리는 간혹 성경의 특정 포인트들을 간과하고 넘어갈 때가 있는데 하나님께서 배필을 지으실 때에 사용하신 말, 이 '돕는 배필'이라는 용어도 별반 생각 없이 지나칠 때가 많습니다. 왜 '돕는' 배필일까요? 왜 '돕다'라는 말이 사용되었을까요?

"돕는다"는 것은 반드시 거기에 무언가 행해야 할 일, 이루어야 할 과업이 있을 때 쓰는 용어입니다. 자유분방하게 내버려져 있는 사람을 '도울' 필요 따위는 없는 것입니다. 이렇게 생각할 때 성경이 첫 사람 아담의 배우자를 만들려고 하셨을 때 다른 용어가 아니라 '돕는' 배필을 짓겠다고 한 것은 뚜렷한 한 지점을 보여주고 있습니다. 혼인의 제정이란, 부부가 된다는 것이란, 반드시 거기에 이루어야 할 사명이 있다는 것 말입니다.

이것을 거꾸로 말하자면, 아담 혼자서는 이 일을 다 이룰 수가 없었기 때문에 하나님께서 "사람이 혼자 사는 것이 좋지 않다"라고 하신 것입니다. 창세기 2장 18절의 말씀은 "남자가 혼자 있다 보니 외로워서 아내를 만들어 주어야 하겠다"라는 식으로 정서적으로 읽어서는 안 됩니다. 만약 이런 동기였다면 하나님께서는 '돕는' 배필 대신에, '위로자'나 '반려자'를 만드셨을 것입니다. 하지만 성경은 아담의 배필이 될 이는 아담을 '돕는' 자라고 말씀하고 있습니다. 수레를 끌고 가고 있는데 혼자서는 힘에 부치기 때문에, 앞에서 함께 끌어주거나 뒤에서 밀어줄 사람이 필요하다! 이런 의미에서의 배필입니다.

이 사실은 우리가 앞서 살폈던 소위 문화명령, 즉 창세기 1장 28절 말씀에서도 동일하게 나타납니다. 하나님께서 명령을 주실 때 그 명령을 받는 이는 '복수'로 되어 있습니다. "하나님이 '그들'에게 복을 주시며……이르시되 생육하고 번성하여……"라고 한 것입니다. 하나님은 세계를 다스리라는 명령을 인류에게 주실 때 아담에게만 주시지 않고 남자와 여자 모두에게 주셨다는 의미입니다. 이 명령이 얼마나 남자와 여자를 지으셨다는 사실과 밀접하게 연결되어 있는지 바로 그 앞절과 붙여 읽어보면 훨씬 더 분명해집니다.

"하나님이 자기 형상 곧 하나님의 형상대로 사람을 창조하시되 '남자와 여자를' 창조하시고, 하나님이 '그들에게' 복을 주시며……"

성경은 매우 세밀하게 신경을 써서 이 명령이 "남자와 여자 모두에게" 주어진 것임을 말씀하고 있는 것입니다.

이 점을 깊이 묵상한다면 기독 청년들이 배우자에 대해

서 거는 기대는 매우 달라져야 합니다. 지금도 그런 분들이 있는지는 잘 모르겠지만, 제가 청년 시절에는 "배우자를 위하여 기도하라"고 하면서 "구체적으로 기도해야 한다. 직업이 무엇이며, 키는 얼마나 되며, 어떤 성격을 가진 사람이며 이런 것을 구체적으로 기도해야 한다"고 가르치는 분들이 꽤 있었습니다.

기도를 구체적으로 해야 한다는 데 이의를 제기할 사람이 어디 있겠습니까? 하지만 여기에는 어떤 심각한 문제가 있을까요? 그렇습니다. 이런 가르침에는 혼인이라는 것이 하나님께서 주신 과업을 이루기 위한 어떤 것이라는 개념이 전혀 없습니다. 이런 가르침에는 혼인을 통해 내가 바라고 소망하는 바를 구체적으로 하나님께 구해서 그것을 획득하겠다는 욕망만 있습니다. 이런 것은 결코 하나님이 기뻐하시는 혼인이 될 수 없고, 성경이 가르치는 올바른 혼인의 태도가 아닌 것입니다.

배필을 지으시는 과정이 보여주는 의미

혼인이 이렇게 하나님 안에서 이루어야 할 거룩한 사명과 관련되어 있었기 때문에, 하나님께서 아담의 배필이 되는 여자를 창조하시는 과정을 살펴보면 매우 흥미로운 점을 발견할 수 있습니다. 이것을 찬찬히 한 번 살펴보도록 합시다.

첫째, 하나님께서는 곧바로 배필로서의 여자를 짓지 않으셨습니다. 창세기 2장의 문단 구조를 살펴보면 하나님께서는 배필의 선택을 일련의 과정을 통해 진행하고 계심을 볼 수 있게 됩니다. 먼저 18절에 배필의 필요성과 하나님의 결심이 나타납니다.

"사람이 혼자 사는 것이 좋지 아니하니(배필의 필요성) 내가 그를 위하여 돕는 배필을 지으리라(하나님의 결심)"

그런데 주목할 점은 이렇게 말씀하신 후 하나님께서 곧바로 여자를 짓는 작업에 돌입하지 않으셨다는 것입니다. 실제로 여자를 짓는 장면은 21절에서야 나옵니다. 그리고 20절에는 18절에서 말씀하시던 "아담이 돕는 배필이 없었다"는 이야기를 반복합니다. 그러니까 이 구조를 써 보자면

"돕는 배필을 지으리라"(18절) – 사이에 다른 내용이 있고(19절–20절上) – 다시 "돕는 배필이 없었다"(그러니 지어야겠

다, 20절 下)

그 후에야 21절에서 실제로 여자를 짓는 장면이 나오는 것입니다. 말하자면 하나님은 "배필이 없으니 지어야겠구나"를 18절에서 말씀하셨는데, 20절에서 다시 말씀하시면서 21절에 짓는 장면으로 들어가십니다. 그러면 그 사이의 내용은 왜 들어있는 것일까요?

둘째, 그래서 그 사이의 내용을 보면 19절과 20절에서 "여호와 하나님께서 각종 들짐승과 공중의 새들을 아담에게로 이끌어 가시는" 장면이 있습니다. 그리고 아담은 이 동물들의 이름을 짓습니다. 개, 소, 말, 돼지, 낙타, 코끼리 …… 그리고 이 이름을 짓는 일의 결과가 20절 하반에 "돕는 배필이 없었다"로 결론지어집니다.

하나님께서 동물들을 이끌어오고 아담이 그들의 이름을 지은 일이 왜 여기 갑작스레 등장하는 것일까요? 아담은 단지 작명을 한 것입니까? 18절과 20절의 시작과 끝부분이 둘 다 하나님께서 "돕는 배필이 없었다(그래서 짓겠다)"라는 구문이 반복되고 있는 점으로 볼 때 여기서의 문맥은 분명히 '돕는 배필을 짓는 것'에 관한 것이어야 합니다. 즉, 하나님은 18절에서 돕는 배필을 지으시려고 하셨는데, 내용이 여의치 않았기 때문에 20절에서 돕는 배필이 없었다고 마무리를 하시고 21절에 들어와서 다시 배필을 짓는 일을 하신 것으로 보아야 하는 것입니다. 따라서 동물들을 이끌어오신 것은 하나님께서 아담에게 '함께 동역할 동물이 여기에 있는지를 살피라고 하신 작업'이었다고 할 수 있습니다.

셋째, 이렇게 생각할 때 '이름을 짓는 것의 의미'가 드러납니다. 성경에서 이름을 짓는 행위는 단순한 작명이 아닙니다. 성경에서 이름을 짓는 행위는(아브라함의 개명이나 야곱의 개명 등에서 볼 수 있듯이) '의미를 부여하는 일', '정의 내리는 일'을 나타냅니다. 그래서 이 아담의 행위를 말씀하고 있는 본문도 잘 보면, 아담은 하나님이 동물들을 이끌어오실 때에도 이름을 짓고 하나님이 여자를 지어 데려오실 때에도 이름을 짓습니다. 같은 행위를 한 것입니다. 동물들에게 개, 소, 말, 돼지, 낙타, 코끼리라고 한 것과 똑같이 여자를 데려오니까 "이를 여자라 칭하겠다!"(23절, 히브리어로 남자는 '이쉬'이고 여자는 '이솨'이다. 모음 '아'를 더한 것. "남자에게서 취하였은즉 여자라 칭하리라"는 원어 단어를 통해 잘 이해할 수 있다)라고 하였습니다.

창세기 2장의 문장 구조를 보면 부인할 수 없을 만큼 명확합니다. 전체의 문장 구조는

"돕는 배필을 지으리라"(18절) – 하나님이 동물들을 데려오심, 아담이 이름을 지음, 아무 동물에게도 "여자"라고 짓지 않음(19절) – "돕는 배필이 없었다"(20절) – 여자를 지어 아담에게로 데려오심(21–22절) – 아담이 이름을 "여자"라고 지음(23절).

결국 우리가 이 일련의 사건들을 보면서 알게 되는 것은 하나님께서 배필을 선택하게 하신 과정을 '돕는' 배필, 즉 '조력자의 선택과정'으로 보아야 한다는 것입니다. 하나님께서는 아담과 여자(하와는 나중에 범죄 후에 얻게 되는 이름이고 처음에는 "여자"였다. 23절)를 지으셔서 세상을 모두 맡기기를 원하셨습니다. 그리고 혼인은 이 과업을 이루는 가장 중요한 도구였습니다.

Q. 하나님께서 사람을 지으신 목적이 '우리의 복지'가 아니라 '그분의 목적'에 있었다는 사실을 잘 묵상합시다. 우리가 평상의 생활에서 만나는 여러 가지 일들을 놓고 서로 나누어볼 때, 하나님께서 우리들의 삶에서 무엇을 원하고 계신지를 가장 잘 실감하며 사는 때는 언제입니까? 반대로 하나님의 뜻과 상관없이 나의 욕망을 위해 사는 데 가장 익숙한 지점은 어떤 지점입니까?

Q. 배필의 선택이 사명과 연관되어 있다면, 나는 이 거룩한 사명을 위하여는 내 마음이 원치 않는 혼인도 해야 하는 것입니까? 어쩌면 우리는 통일교에서처럼 지정해주는 배우자와 결혼해야 합니까? 이 점에 대한 올바른 성경적 대답이 무엇일지를 궁리해보십시오.

Q. 배우자를 위하여 '구체적 기도'를 할 때 우리의 욕망만이 주로 개입된다는 것을 들었습니다. 연애와 결혼 직후의 생활들에서 우리가 '욕망에 휘둘리는' 방식으로 이성을 만나지 않고 성경의 가르침을 따라 교제하기 위해서는 우리에게 어떤 것들이 필요할까요?

Q. 하나님께서는 처음에 곧바로 아담에게 여자를 지어 데려오지 않고 먼저 동물들을 데려오셨습니다. 이렇게 하신 데에는 어떤 하나님의 목적이 있다고 생각합니까?

제2장
서로 다른 두 개체

제2장
서로 다른 두 개체

이렇게 창조하신 하나님의 의도를 읽을 것

마태복음 19장에서 예수님은 창세기를 인용하시면서 부부에 대해 이렇게 말씀하십니다.

"사람을 지으신 이가 본래 그들을 남자와 여자로 지으시고 말씀하시기를 그러므로 사람이 그 부모를 떠나서 아내에게 합하여 그 둘이 한 몸이 될지니라 하신 것을 읽지 못하였느냐 그런즉 이제 둘이 아니요 한 몸이니 그러므로 하나님이 짝지어 주신 것을 사람이 나누지 못할지니라"(마 19:4-6)

여기에서 제일 첫 부분에 나오는 '본래'라는 말은 헬라어로 '아포(from) 아르케'입니다. '아르케'는 요한복음 1장 1절 "태초에 말씀이 계시니라"에도 나오는 말로 '태초', '처음'이라는 의미를 갖고 있는 말입니다. 따라서 '아포 아르케'란 '처음부터', '애초에'라는 뜻입니다. 좀 더 의미를 살려서 말해보자면 '시원(始原)부터' 정도로 말할 수 있겠습니다. 성경사전을 찾아보면 이 말은 '절대적 시작'을 의미합니다. 그렇다면 하나님께서 사람을 지으실 때 '아포 아르케' 곧 '처음부터' 사람을 남자와 여자로 지으셨다는 것은 그 시원부터, 하나님의 애초의 작정에서부터 사람은 하나가 아니라 짝지어져 남자와 여자 둘로 지어졌다는 것을 의미합니다.

이 점에서 다음의 사실을 생각해야 합니다. 말하자면 하나님은 충분히 다른 방식으로도 세상을 지으실 수 있었습니다. 예를 들어, 하나님께서 처음 인류를 지으려 하셨을 때 여럿이 다수의 개체들이 함께 살도록 짓지 않으시고 완전히 따로 독립된 개체로 살도록 지으실 수도 있었습니다. 실제 생태계에는 완전히 독립된 개체로서 생활하는 동물들이 많이 있습니다. 하지만 하나님께서는 처음부터 인류를 복수의 개체로 함께 살도록 지으셨습니다.

아니면 혹 복수의 개체가 함께 살도록 지으셨더라도 그 성(性)을 '단성'으로 지으셨을 수도 있습니다. 하나의 성 밖에 없는, 즉 다르게 말하면 '무성생식으로 번식하도록' 지으실 수 있었다는 말입니다. 이 역시 생태계에서 종종 볼 수 있는 일입니다. 성이 하나밖에 없거나 아니면 아예 성이 없어서 남성/여성의 방식으로 번식하지 않고 다른 방식으로 번식하는 생물들 말입니다. 하나님께서 이미 우리를 이런 방식으로 지어놓으셨기 때문에 이 사실이 익숙해져 다른 방식을 생각하는 것이 이상할 뿐, 애초에 하나님께서 지으신 세상이 모두 다 남자 뿐인 세상이거나, 모두 다 여자 뿐인 세상이거나, 자식을 낳을 때는 몸이 분열해서 새로운 개체가 탄생된다거나 하는 방식이었다면, 애초에 세계가 그랬던 것이기 때문에 전혀 이상하지 않았을 것입니다(코끼리를 한 번도 들어본 적도 없는 사람에게 코로 물건을 집는 짐승이 있다고 설명을 한다고 상상해보면 이런 장면을 쉽게 생각해볼 수 있습니다. 코끼리는 생각 외로 기괴한 동물이지만 우리가 흔히 보기 때문에 이상하지 않을 뿐입니다. 생태계에는 이런 동물들이 매우 많습니다).

하지만 하나님께서는 '아포 아르케', 애초에 사람을 '남자와 여자로' 지으셨습니다. 즉 우리는 첫째, 단일 개체로 살도록 지어지지 않았고(함께 살도록 지어졌다!) 둘째, 함께 살더라도 동일한 성 뿐이도록 그렇게 지어지지 않았습니다. 이것이 하나님께서 "본래 그들을 남자와 여자로 지으시고"라고 말씀하신 의미입니다.

그렇다면 우리는 이 사실을 통해서 창조의 중요한 한 면목을 엿볼 수 있게 됩니다. 첫째의 사실에서 우리는 하나님께서 우리를 '공동체로 살도록' 지으셨음을 읽을 수 있게 됩니다. 유명한 사막교부 중 한 사람이 아무도 없는 광야에서 수도 생활을 하다 사람들이 사는 곳으로 돌아오며 한 유명한 말이 "사막에는 사랑할 이웃이 없다"였습니다. 하나님은 사람을 혼자 살도록 짓지 않으셨습니다. 하나님께서는 '애초에', '아포 아르케!' 우리를 공동체적 존재로 지으셨습니다. 서로 사랑하며, 서로 돌보며 살도록 지으신 것이 하나님의 뜻이라는 말입니다. 따라서 그리스도인들에게 히키코모리(은둔형 외톨이)는 불가능합니다. 우리는 이웃 안에서 살도록, 서로가 서로를 세우면서 살도록 그렇게 지어졌습니다.

그리고 둘째의 사실에서 우리는 하나님께서 이렇게 우리가 '함께' 살도록 하셨을 때에 '타인을 관용하며 살도록' 지으셨음을 깨닫게 됩니다. 왜냐하면 하나님께서는 공동체라 하더라도 '똑같은 두 개체'를 짓지 않으시고 '서로 다른 두 개체'를 지으셨기 때문입니다. 이 말의 의미는 둘이 서로 다르기 때문에 서로를 인내하고 이해해야 한다는 뜻입니다. 누구도 자기와 같지 않고 누구도 동일하지 않다면, 그때 우리에게 남은 것은 '타인을 관용하는 일' 뿐입니다.

이 두 가지 사실이 부부관계에서 가장 먼저 나타납니다. 주님께서는 이혼에 대해 질문하는 이들에게 이렇게 답하셨습니다. "하나님이 본래(아포 아르케) 사람을 남자와 여자로 만드셨다." 부부는 혼인 관계 속에서 바로 이 두 가지, 곧 우리가 '함께' 살아야 한다는 것, 그리고 우리는 '서로 다른' 이들이 만나 살므로 서로를 인내해야 한다는 것을 잘 드러내야 한다는 것입니다.

하나님께서 원하시는 인간 관계의 진리

희생으로 떠받쳐지는 세계

팀 켈러(Tim Keller)는 법학자 존 위티 주니어(John Witte, Jr)가 "지난날 보편적으로 인정받았던, '서로 사랑하고 후손을 낳으며 안전을 보장하기 위해 영구적으로 약정된 연합'

이라는 결혼의 이상은 차츰 물러가고 '양쪽 당사자의 개인적인 만족을 추구하기 위한 한시적인 성적 계약'이라는 새로운 현실이 그 자리를 차지하게 되었다"고 한 말을 인용하면서, 이전에는 구성원에게 '의무에서 의미를' 찾으라고 가르쳤다면 오늘날은 계몽주의의 영향으로 '자신에게 만족스러운 삶을 선택하는 자유와 그 결과에서 삶의 의미를' 찾게 되었다고 지적합니다. 쉽게 말하자면 과거의 혼인에는 '희생으로 인해' 서로가 누리는 유익이 있었다면, 오늘날 혼인에 대한 이해는 '개인적 만족을 도모하기 위해 양쪽 당사자가 맺은 계약' 정도이기 때문에 서로 이익만을 추구하려고 하고 손해는 보지 않으려 한다는 것입니다.

세상에는 반드시 한편의 희생을 통하여 이루어지는 일들이 있습니다. 가장 기초적인 것만을 생각해보더라도, 어머니의 산고(産苦)가 없다면 자녀의 출생은 불가능할 것입니다. 가장이 벌이를 자기를 위해서만 쓴다면 가정은 붕괴될 것입니다. 누군가가 땀을 흘리고 애를 써준 덕택에 세상은 지탱됩니다. 이것이 포스트모던 이전의 사회에서는 딱히 누군가가 별 말을 하지 않아도 문화적 미덕으로 여겨져 모두가 당연히 지는 짐으로 여겼는데, 현대는 이것을 서로 하지 않으려 하면서 문제가 심화되고 있는 것입니다.

최근의 페미니즘(feminism)과 관련된 문제를 생각해보자면 이는 이런 종류의 극단적 예에 해당합니다. 현재 한국에서 유행하고 있는 페미니즘이라는 용어를 걸고 있는 문제는 사실은 '여성중심주의'인데, 두드러지는 특징이 '평등'에 있기보다는 여성이 이미 우월적으로 누리고 있는 혜택은 그대로 유지하면서 여성이 손해를 보고 있는 부분만 남성에게서 뺏어오려고 한다는 점입니다. 이 때문에 반작용으로 남성들이 과거에 당연한 듯이 했던 일들에 대해 회의를 느끼고 반격하고 있습니다. 얼마 전에도 공기업에서 여성의 숙직 문제가 대두되는 기사를 읽은 적이 있습니다. 과거 무거운 물건을 들거나 더 힘든 일을 맡거나 위험하거나 문제가 될 일은 남자가 먼저 앞장서 했는데, 페미니즘의 공격을 당하니까 남성들도 '왜 내가 이런 희생을 해야 하나?'라고 생각해 이제는 부당함을 떠맡지 않겠다고 하는 상황이 된 것입니다. 그야말로 양성 간의 전쟁이요, "서로 희생하지 않겠다"가 낳은 '쌍방 죽이기'입니다. 하나님께서는 사람들이 '서로 이웃이 되어 돕고 살도록' 지으셨고, 여기에는 '반드시' 희생이 동반되는 것인데 서로 하지 않으려 하니 이제 그

결과물로서의 폐해를 톡톡히 보고 있는 셈입니다.

혼인에 대해 예수님께서 "이제 둘이 아니요 한 몸이니 하나님이 짝지어 주신 것을 사람이 나누지 못할지니라"(마 19:6)라고 말씀하신 내용 안에는 남편과 아내가 상호의 이익을 추구하는 존재가 아니라는 뜻이 들어 있습니다.

사람은 '본래(아포 아르케)' 서로 다른 두 개체로 지어졌습니다. 하지만 주님께서는 이 명제를 자신의 말씀 안에서 곧바로 뒤집으십니다. 말하자면 4절에서는 "사람을 지으신 이가 본래 그들을 남자와 여자로 지으셨다"고 하셨는데, 곧바로 이어서 6절에서 "이제는 둘이 아니요 한 몸이다"라고 하신 것입니다. 분명 '서로 다른 두 개체'로 지으셨지만, 이 사실은 곧바로 "하지만 둘이 아니요 하나다"라는 말로 대치됩니다.

이것은 혼인이 '서로 다른 두 개체가 만나서 서로의 다름을 인지하고, 상호 희생을 통하여 자신을 상대에게 내어줌으로 말미암아 이제 뗄 수 없는 하나가 된다는 의미'입니다. 떨어져 있기 때문에 단지 다름을 인식하는 것이 하나님의 의도의 종점이 아니라, 그 관용이 결국 합쳐져 하나가 되게 하기까지 나아가는 것이 하나님의 의도의 종점입니다.

따라서 하나님께서 부부를 서로 다른 두 개체로 지으신 이유는 단순히 다양성을 존중하자는 것이 아닙니다. 다름을 인정하는 것은 전제일 뿐입니다. 이것은 반드시 그다음으로 나아가게 되는데, 상호의 희생을 통해 결합함으로써 이제 '뗄 수 없는 하나'가 되어야 하는 것입니다. 그것이 바로 '혼인'이요 '부부'입니다.

세상이 이해하는 혼인이란 '기호가 맞는 사람들이 서로 만나 모종의 약정을 통해 함께 사는 것'입니다. 특히 현대에 들어서는 이 '모종의 약정'이라는 것이 단순히 '섹스 파트너'를 의미하는 경향이 짙어졌습니다. 하지만 혼인에 대한 성경의 이해는 '희생을 통하여 상호 세워지는 관계', '희생으로 인하여 서로가 떠받쳐지는 관계', 곧 '서로 다른 둘이 만났지만 종국에 하나가 되는 것'입니다. 둘의 다름은 인지되고 관용되지만, 더 이상 둘이 아니고 하나입니다! 주께서 이혼을 종용코자 찾아온 바리새인들에게 이 말씀을 하신 이유는, 이들이 혼인의 가장 기본적인 원리에 대해 아무것도 몰랐기 때문입니다.

Q. '아포 아르케', 원래부터, 본래부터, 처음부터 그랬다는 것에 대해 생각해 본 적이 있습니다. 이 사실은 매우 중대한 문제를 야기하는데, 세속적인 세계관이 언제나 '세상의 주인은 없다'고 생각하기 때문에 모든 기준이 인간 자신에게 맞춰져 있는 반면, 신자는 성경을 따라 세상에는 '의도된 목적이 있다'고 믿는다는 점입니다. 당신의 사고관은 어떻습니까? 나는 삶의 문제들에 '주인'이 계시며, 따라서 그 주인께서 '원하시는 방향'이 있다는 것에 대해 확고한 생각을 가지고 있습니까?

Q. 정해진 것이 없다고 믿는 포스터모던의 사회에서는 "자기 소견에 옳은대로 행한다"는 사사기적 사고가 판을 치는 반면, '원래부터 그렇다'고 하는 성경의 가치는 '단순한 숙명론'을 받아들일 위험을 가지고 있습니다. 병에 걸렸을 때 하나님이 주신 것이니 겸허히 받자고 하여 치료를 포기하거나, 과학기술이나 문화적 발전 등을 도외시하여 원시적 문명으로 사는 것만이 하나님의 뜻을 수용하는 길이라 생각하기 쉬운 것입니다. 이 점에 대해 그리스도인은 어떤 관점을 가져야 할까요?

Q. '서로 다른 두 개체'라는 주제를 통해 정리되는 두 가지 중요한 가치는 첫째, 우리는 공동체로 지어졌기 때문에 이웃과 함께 살아야 한다는 것이고, 둘째, 우리는 서로 다른 존재들로 지어졌기 때문에 서로를 관용해야 한다는 것입니다. 이 둘에 대하여 성도들이 삶에서 만날 수 있는 여러 가지 문제들을 이야기해보고, 그런 상황들에 어떻게 대응할 수 있을지를 생각해봅시다.

Q. 나는 세상이 이해하는 혼인의 '이기적인 관점'으로 상대를 찾으려 하지는 않았습니까? 나는 (기혼자라면) 혼인에서 어떤 종류의 희생을 통해 상대를 기쁘게 하고 있습니까? (미혼자라면) 내가 바라는 배우자의 상은 어떤 것입니까? 여기에서 과연 배운 대로의 모습이 나타나고 있습니까?

제3장
혼인의 신비

제3장
혼인의 신비

혼인의 파괴

그리스도인의 사고를 갖는다는 것은 가장 기본적으로 '죄의 파괴력'을 삶의 전체 영역에서 실감하는 것입니다. 간단한 예로 도르트 신경(Canons of Dort)을 작성했던 개혁파의 조상들은 '예정'을 논하는 신경의 제일 첫째 교리, 첫째 조항에서 예정 자체를 논하지 않고 "사람은 모두 아담 안에서 범죄하여 저주 아래 있으며 영원한 죽음을 받아 마땅합니다"라고 시작합니다. 종교개혁의 역사 속에서 어쩔 수 없이 개혁파 정체성의 일부가 된 '예정' 교리를 다룸에 있어서도, 경건한 우리의 선배들은 예정을 다루기 전에 "우리가 죄인입니다"라는 사실을 먼저 고백했습니다. 이 사실이 참으로 중요합니다. 우리는 무엇에 대해 말하더라도 우리가 죄인이라는 사실을 먼저 알고, 인정하고, 고백해야 하는 것입니다. 바른 이해와 삶은 그다음에 나옵니다.

이런 점에서 우리는 혼인 역시 '파괴된 채로' 전수되고 있다는 것을 잊어서는 안 됩니다. 우리 조상 아담이 선악과를 따 먹음으로써 하나님을 대항하고 범죄하였을 때, 그 죄의 여파는 단지 사람이 구원을 받느냐 마느냐의 문제 정도로만 국한된 것이 아닙니다. 죄의 여파는 모든 곳에 미쳤고, 따라서 당연하게도 이 죄는 혼인 역시 파괴했습니다.

우리는 범죄 이후 하나님의 심판 선언 속에서 남자와 여자의 관계가 변화했음을 감지할 수 있습니다. 하나님은 여자에게 이렇게 말씀하십니다.

"내가 네게 임신하는 고통을 크게 더하리니 네가 수고하고 자식을 낳을 것이며 너는 남편을 원하고 남편은 너를 다스릴 것이니라"(창3:16)

이 하나님의 심판 선언 속에는 원래 남자와 여자의 관계가 어떠했었는가와 또 그 관계가 어떤 식으로 비틀어졌는지에 대한 두 가지 내용이 모두 나타나고 있습니다. 하나님이 말씀하신 "너는 남편을 원하고"에서 '원하다'는 성경에 딱 세 번 나오는 단어인데(히. 테슈카), 이 중 특히 창세기에서는 4장 7절에 사용되었습니다. 4장 7절에서 이 단어는 가인에게 말씀된 "죄가 너를 원하나 너는 죄를 다스릴지니라"에서 나타납니다. 즉, '원하다'는 '욕망하다'라는 의미인데 약간 뉘앙스를 넣어 말하자면 '삼키기 위한 욕망'입니다. 이런 의미 안에서 여자에게 말씀된 심판의 선언은 범죄 이후의 남녀 관계에서 여자는 남편을 압도하기 위한 욕망을 가질 것이라는 말입니다. 그리고 이어지는 말씀에서 "그러나 남편이 너를 다스리겠다"라고 했는데, 이 역시 앞의 여자의 욕망에 대한 반향으로 읽어야 합니다. 여자는 그런 욕망을 가지고 남편을 삼키기 위하여 시도하겠지만 사실상 여자는 남편에게 도리어 정복당하고 다스림을 받게 될 것이라는 말입니다.

죄가 개입되지 않은 세계의 남자와 여자의 관계는 아름다운 다스림과 아름다운 복종의 관계입니다. 우리가 앞서 살핀 희생으로 떠받쳐지는 세계가 애초에 하나님께서 설정하신 혼인 관계 안에서 풍성하게 나타났습니다. 그리고 우리가 이후 살필 에베소서의 말씀에서 남편과 아내의 관계의 핵심이 바로 이것입니다. 말하자면 죄 이전에도 역시 남편이 아내를 '다스렸'고, 아내는 '순종'했습니다. 그렇지만 이때의 남편의 다스림은 그리스도께서 머리 되셔서 교회를 다스리시는 것과 같은 의미에서의 다스림이자 참된 사랑 안에서의 연합이었으며, 당연히 아내의 복종 역시 굴종이나 열등에서 오는 비굴한 지배받음이 아니었습니다.

죄가 모든 것을 변화시켰습니다. 죄는 남자와 여자와 관계를 '돕는 배필로서의 관계'로부터 추락시켜 '갈등과 경쟁의 관계'로 만들었습니다. 이제 남자와 여자의 관계는 우리가 앞서 살폈던 대로의 '하나님의 뜻을 이루기 위한 아름다운 동역 관계'에서 벗어나, 서로가 서로를 물고 먹는 관계로 변질되었습니다. 바로 이것이 창세기 3장 16절 말씀이 보여주고 있는 바입니다. 아내는 남편을 '삼키려' 하지만, 도리어 남편은 아내를 '정복'합니다. 이 모든 것이 죄로 말미암아 벌어진 일이며, 죄의 파괴력이 몰고 온 결과입니다.

오늘날 우리는 세속 세계 속에서 그 어느 때보다 이 갈등이 심화되어 있는 것을 보게 됩니다. 남성/여성의 갈등은 지금이 바로 역사의 어느 때보다 더 강력한 때일 것입니다. 따라서 로이드 존스(Lloyd-Jones) 목사님의 말씀대로 교회가, 그리스도인이 남성과 여성의 관계에서, 또 혼인의 관계에서 세상과 전혀 다른 희소성을 보여주어야 할 시기가 바로 지금입니다(로이드 존스, "그리스도인의 결혼생활" 중). 세속적 욕망을 따른 서로의 필요를 위한 혼인이 아닌, 또 서로 갈등 관계 속에서 우위를 점하기 위한 성별 간의 다툼과 경쟁으로서의 혼인도 아닌, 하나님 안에서의 진정한 연합으로서의 혼인! 이것이 지금 참으로 필요한 때인 것입니다.

에베소서가 보여주는 아내와 남편과의 관계

성경에서 이러한 혼인의 참 의미와 그 혼인의 의미가 가진 신비를 가장 명확하면서도 아름답게 표현하고 있는 곳이 에베소서 5장이라고 생각합니다. 많은 주석과 혼인 관련 서적들에서 에베소서 5장은 혼인에 대한 성경의 가르침의 가장 중요한 부분으로 등장합니다. 그리고 그 이유는 말 그대로 이 말씀이 '신비', 즉 하나님께서 혼인을 이런 방식으로 제정하신 중요한 의미를 잘 알려주고 있기 때문입니다.

우리는 이 글들의 초두에서 혼인의 제정이 하나님으로부터 말미암아 된 것이며, 혼인이 우리의 흥미를 위해서나 인간적인 욕망으로 인한 것이 되면 안 되고, 혼인이란 하나님께서 목적을 가지고 제정하신 것이므로 인생은 마땅히 그 사명을 잘 깨달아 임해야 할 것이라고 배웠습니다. 하지만 이만큼만을 배우면 자칫 잘못하면, 마치 혼인은 '하고 싶지 않더라도 사명을 위해 해야만 하는' 것으로 오해될 수 있습니다. 이런 점에서 절반만 배우는 것은 위험합니다.

오히려 하나님께서는 인격적이시므로 사람에게 무언가를 '강요'하기보다는 '설복'하십니다. 즉, 억지 춘향 격으로 "너는 사명을 위해 혼인해야 한다"라고 하는 것은 설득력도 없고 바람직하지도 않은 것입니다. 유명한 존 파이퍼(John Piper) 목사님은 웨스트민스터 교리문답의 첫 문답에서 '하나님을 영화롭게 하고'에서만 강조점을 찾지 않고 '영원토록 그를 즐거워 하는 것'에 강조점을 둠으로써 큰 목회적 파괴력을 발휘할 수 있는 동력을 찾았습니다. 비슷하게, 하나님과 인생의 관계를 말할 때 혼인을 사명으로 여김과 동시에 이 혼인이 우리 인생들에게 커다란 기쁨과 은혜를 준다는 것 역시 잘 강조해야 할 필요성이 있습니다.

이때 이 혼인이 우리들에게 과업으로서가 아니라 커다란 기쁨이 될 수 있는 핵심에 혼인은 신비를 다루고 있다는 점이 놓여 있습니다. 차츰 살펴 나중에 이 결론에 도달하게 되겠지만, 살짝 먼저 말씀드리자면 혼인이란 '삼위 하나님 간의 교제와 연합을 땅에 투영해 놓으신 신비'입니다.

이 가르침을 위해 에베소서 5장 말씀을 찬찬히 살펴보겠습니다. 먼저 아내와 남편에 대한 가르침의 첫 소절은 이렇게 시작합니다.

"아내들이여 자기 남편에게 복종하기를 주께 하듯 하라"(엡 5:22).

원문상에서 우리말 번역과의 비교를 통해 알 수 있는 첫 번째 중요한 점은 '복종'이라는 표현이 원래는 없는 말이라는 것입니다. 헬라어 본문에는 간단하게 "아내들이여, 자기 남편에게, 주님께처럼" 이렇게만 되어 있습니다. '복종'은 이 절에는 없는 단어입니다.

그러면 '복종'은 어디에서 왔을까요? 우리말이 이렇게 번역한 이유는 22절의 이 말씀이 앞의 21절과 연결되어 있다는 점을 정확하게 보았기 때문입니다. 21절의 말씀은 이것입니다.

"그리스도를 경외함으로 피차 복종하라."

'복종'이 생략된 이유는 21절의 이 복종이 22절에 연계된다고 보았기 때문입니다. 그리고 21절의 이 말씀은 19절부터 시작되는 긴 문장과 연결되어 있습니다. 21절을 이 전체 문장의 맥락 안에서 읽으면 이렇습니다.

> "시와 찬송, 신령한 노래들로 서로 화답하며, 마음으로 주께 찬송하며, 범사에 주 예수 그리스도의 이름으로 감사하며, 그리스도를 경외함으로 피차 복종하라."

즉, "피차 복종하라"는 이 전체 실천적 강령의 제일 마지막에 나오는 한 강령입니다. 그리고 이 19절부터 21절까지의 강령은 역시 다시 헬라어 문장으로 보자면 '서로 화답하며'의 분사형, '노래, 찬송하여'의 분사형, '범사에 감사하며'의 분사형 다음에 오는 동일한 분사형 명령으로서의 "피차 복종하라"입니다.

이것들이 모두 분사형이라는 의미는 "이것 하면서, 또 이것 하면서, 또 이것 하면서, 그리고 저것 하면서"(분사형들)

본동사 "무엇하라"를 수식해준다는 뜻입니다. 그러면 19절부터 21절까지의 전체 분사형 모두를 받는 하나의 본동사는 무엇일까요? 그것이 바로 18절의 "성령의 충만을 받으라"입니다.

정리하자면 19절부터 21절까지 나오는 "시와 찬미와 신령한 노래, 마음으로 주께 노래하고 화답, 범사에 하나님께 감사, 그리스도를 경외함으로 피차 복종"은 모두 분사형으로서 한 명령동사 "성령 충만을 받으라"에 걸리고 있습니다. 이 모든 분사형들은 성령 충만을 받는 것의 양상, 혹은 동반되는 현상인 것입니다.

에베소서 5장의 말씀을 이렇게 연계된 방식으로 읽으면 아내와 남편에 대해 가르치고 있는 부분이 어떤 주제 안에서 다루어지고 있는지를 정확하게 알 수 있게 됩니다. "아내들이여"로 시작하는 22절 이하의 부부에 대한 가르침은, 가장 가깝게는 21절의 "그리스도를 경외함으로 피차 복종하라" 안에 귀결됩니다. 말하자면 이후에 나오는 모든 관계들에 대한 가르침은 "그리스도를 경외하기 때문에 신자가 해야만 하는 피차 복종"의 예들인 것입니다.

아내와 남편의 관계에서 두 사람이 해야 하는 일은, 아내는 "남편에게 복종하는 것을 통해 그리스도께 복종하고", 남편은 "아내를 사랑하는 것을 통해 그리스도께 복종하는" 것입니다. 6장부터 나타나는 자녀와 부모의 관계에서 자녀들은 "부모에게 순종하는 것을 통해 그리스도께 복종하고", 부모들은 "자녀를 노엽게 하지 않고 주의 교훈과 훈계로 양육하는 것을 통해 그리스도께 복종하는" 것입니다. 6장 5절 이하의 종들과 상전의 관계에서 종들은 "그리스도께 하듯 육체의 상전에게 순종하는 것을 통해 그리스도께 복종하고", 상전들은 "위협을 그치고 자신의 상전이 하늘에 있다는 것을 아는 것을 통해 그리스도께 복종하는" 것입니다.

모든 관계가 "그리스도께 복종"하는 일을 위하여 행해지는 일입니다. 아내 · 남편, 자녀 · 부모, 종들 · 상전의 관계에서 아내, 자녀, 종들이 남편, 부모, 상전보다 더 앞에 나와 있는 이유도 이 때문입니다. 앞의 이들이 땅에서의 관계 속에서 복종을 더 잘 보여주는 위치에 있기 때문입니다. 그러나 앞의 이들이 복종을 더 잘 보여준다고 해서 뒤의 이들이 복종을 않는 것은 아닙니다. 남편과 부모와 상전들 역시 아내와 자녀와 종들만큼이나 복종합니다. 왜냐하면 복종의 양상이 다를 뿐 모두가 '그리스도께' 복종하고 있기 때문입니다.

그리고 우리가 앞에서 문법적으로 살폈듯이 "그리스도를 경외함으로 피차 복종"하는 이 일은 더 넓게는 '성령 충만'이라는 큰 주제 안에 있습니다. 우리는 에베소서가 '교회에 관한' 중요한 가르침을 주고 있는 성경임을 알고 있습니다. 과연 에베소서는 그 시작부터 "너희가 어떻게 교회 되었는지"를 말하는데 집중합니다. 서신을 받는 에베소교회 사람들은 "허물과 죄로 죽었던"(2:1) 이들이며, 원래는 "그리스도 밖에 있었고, 약속의 언약들에 대해 외인들인"(2:12) 사람들이었습니다. 그러나 하나님께서는 이들 또한 교회로 불러들이셨습니다. "그리스도 예수의 피로 가까워지고"(2:13), "중간에 막힌 담을 허셨으며"(2:14), 그래서 "이제부터 너희는 외인도 아니요 나그네도 아니요, 성도들과 동일한 시민이요 하나님의 권속이라"(2:19)는 선언을 듣게 되었습니다. 에베소서는 이들이 "교회라는 사실을" 가르치는 것으로 시작합니다.

이때 이렇게 교회된 이들의 생활에서 그 생활 전체를 쥐고 움직이는 키가 되는 것이 바로 '성령 충만'인 것입니다. 우리는 에베소서 5장의 말씀을 통해서 성령 충만이라는 것이 피상적이거나, 단순히 신비주의적인 것이 아님을 알게 됩니다. 오히려 성경이 보여주는 성령 충만은 대단히 '실제적'이며, '경험적'입니다. 앞서도 살폈듯이 "성령 충만을 받으라"는 명령형은 이후의 분사형으로 설명이 됩니다. 성령 충만한 삶이라는 것은 접신하듯이 몽환적 상태에 빠져 방언을 주절거리는 것이 아니라 "시와 찬미와 신령한 노래로 하나님을 찬양하고", "범사에 그리스도 이름으로 하나님께 감사하고", "그리스도를 경외하기 때문에 피차 복종하는" 사람인 것입니다. 즉, 이 '복종'은 반드시 '성령 충만의' 현상이요 표지입니다.

따라서 아내와 남편의 관계에서 두 사람이 서로를 향하여 '복종' 혹은 '사랑'을 할 수 있는 근원적인 힘은 '성령님으로부터' 나옵니다. 이는 '성령 충만을 받았다는 표'이기 때문입니다. 그러므로 여기에서 말씀하고 있는 '복종'도 '사랑'도 세상 사람들이 말하는 것과는 전혀 다릅니다. 세상 사람들에게는 성령이 없으므로, "그리스도 안에서 피차 복종"할 수 없습니다. 세상 사람들에게는 성령이 없으므로 아내도 '복종'할 수 없고, 남편도 '사랑'할 수 없는 것입니다. 세상 사람들이 복종과 사랑을 행하는 것처럼 혹시 보인다면, 그것은 '단지 외형적으로' 그럴 뿐입니다. 과거 어른들 중에는 에베소서의 말씀을 가부장적으로 이해하는 현상이 많았습니다. 아내에게 가부장적 순종을 강요하고, 남편은 아내에게 사랑을 적선하듯이 베풀면 되는 것으로 여긴 이들이 있었던 것입니다. 하지만 이것은 이 가르침을 '세상적 방식으로' 읽은 것입니다. 아내와 남편의 관계에서 복종과 사랑의 내용은 전적으로 '성령 충만을 통해 나타나는' '그리스도를 향한 복종에서 나타나는 상호 복종'이기 때문에, 이것은 결코 세상 지식과 같을 수가 없는 것입니다.

이 복종의 성격

에베소서 5장 21절의 말씀, 곧 "그리스도를 경외함으로 피차 복종하라"라는 말씀은 이렇게 다음의 일련의 주제들, 곧 '하나님의 교회로 들어오게 된 이들의 실천적 강령'(에베소서 전체의 구조에서), 그러면서 '성령의 충만 받은 것의 구체적인 발현'(18절부터 시작되는 문장의 문법적 읽음에서), 또 '그리스도인의 삶의 관계성에서의 기본 원칙'(21절과 22절 이하를 연결하여 읽을 때)이라는 요소들을 모두 포괄하고 있습니다.

앤드류 T. 링컨(Andrew T. Lincoln)은 그래서 이 구절을 "이 구절은 장면 전환적인 것이며, 18절의 '충만함을 받으라'에

의존하고 있는 일련의 분사들을 완성하는 한편, 그다음에 나오는 가속 규범의 첫 번째 명령이 의존하는 언어적 형태를 제공한다"(WBC 주석에서)라고 말했습니다. 말하자면 "피차 복종"이야말로 그리스도인이 된 우리 모두가 인간 관계를 어떻게 이해해야 하는가의 핵심적인 키라고 할 수 있는 것입니다.

이런 점에서, 우리는 22절에서 아내에게 요구되고 있는 복종이라는 주제를 '그리스도 없이 억압적으로' 읽어서는 안 됩니다. 말씀드린 대로 에베소서 5장의 복종이라는 주제는 21절에서 밝히고 있듯 '피차에게' 요구되는 것입니다. 헬라어로 이 문장에는 분명히 '알렐로이스', 곧 '상호 간에'가 붙어 있습니다. 복종은 아내만이 하는 것이 아니고 남편도 해야 하는 것입니다.

따라서 이 복종은 '남편이 아내에게 요구하는' 것이 아닙니다. "당신은 나에게 복종해야 해, 내가 남편이니까 말이야!"라고 해서는 안 된다는 것입니다. 만약 누군가가 이렇게 말한다면 아내는 곧바로 이렇게 말해야 합니다. "에베소서는 당신 역시 나에게 복종하라고 가르치고 있어요!"

그리고 궁극적으로 이 "피차 복종"은 '그리스도께' 드리는 복종입니다. 21절 말씀을 직역하여 말하면 이렇게 되어 있습니다.

복종하라, 상호 간에, 그리스도의(께 대한) 경외 안에서.

즉, 아내의 남편에 대한 복종이든 남편의 아내에 대한 복종이든 이것은 둘 다 '그리스도께 대한 복종'입니다. 구문적으로 말하자면 여기 경외 "안에서"(영어로 하자면 in에 해당한다) 복종하라고 말씀하고 있기 때문에, 이 말씀대로라면 아내나 남편은 그리스도인으로서 상호 복종한다면 그는 세상 사람들이 생각하는 의미로서의 복종을 서로에게 행하고 있는 것이 아니라 '그리스도를 향한 복종 안에서' 서로에게 복종하고 있는 것이 됩니다.

왜 '그리스도를' 경외하는데, '피차'(사람에게) 복종합니까? 이것이 하나님께서 이 세계 속에 심어놓으신 신비 중 가장 유명한 것입니다. 예를 들어, '말씀'을 한 번 생각해보십시오. 우리는 주일에 예배당에 가서 목사로부터 설교를 듣습니다. 하지만 우리는 이때 목사의 설교를 '하나님의 말씀'이라고 합니다. 왜 이렇게 말합니까? 왜 '목사의 말'을 '하나님의 말씀'이라고 합니까? 다른 예도 생각해 봅시다. 개혁파 교회의 직분론은 '장로의 사역'이 그리스도께서 교회를 '다스리시는' 것을 보여주고, '집사의 사역'이 그리스도께서 교회를 '긍휼히 여기시는' 것을 보여준다고 고백합니다. 왜 그리스도께서 교회의 머리시라면 직접 통치하지 않고 직분자들을 통해 다스리시는 것입니까? 한 가지만 더 말해 보겠습니다. 왜 예수님은 마태복음 25장에서 "여기 내 형제 중 지극히 작은 자 하나에게 한 것이 곧 내게 한 것이니라"(마 25:40)라고 말씀하십니까?

성경에서 가장 유명한 신비 중 하나는 하나님께서 이 영적이고 비밀한 것을 '우리들 속에' 심으셨다는 것입니다. 하나님께서는 말씀의 신비를 인간 목사를 통해서, 그리스도의 다스림의 신비를 직분자의 손을 통해서, 가난한 이를 긍휼히 여기시는 하나님의 손이 우리들의 손을 통해서 드러나도록 하셨습니다. 하나님은 우리를 통해 일하십니다!

"그리스도를 경외하기 때문에 피차 복종하는 것"은 바로 이 신비입니다. 우리는 서로에게 복종합니다만 그것은 그리스도를 향한 복종이 육을 입고 세상의 방식으로 표현되는 것일 뿐, 그 실체가 그리스도를 향한 복종인 것입니다. 우리가 주일의 설교를 하나님의 말씀으로 받고, 직분자의 사역을 그리스도의 행하심으로 이해하고, 우리가 가난한 자를 향해 손을 펼칠 때 그것이 주님께서 하시는 일이라고 고백하는 것처럼, 우리가 그리스도께 복종하는 것이 아내의 남편을 향한, 남편의 아내를 향한 복종으로 드러납니다. 이것이 복종의 신비의 성격입니다. 그러므로 아내가 남편에게 복종하라는 말씀은 '억압적'이거나 '권위적'인 것이 아니라 오히려 '삼위 하나님의 교제의 방식'임을 기억해야 합니다.

고린도전서 11장에서 사도 바울은 "여자의 머리는 남자"(3절)라고 하면서 "남자가 여자에게서 난 것이 아니라 여자가 남자에게서 났고"(8절), "남자가 여자를 위해 지음을 받은 것이 아니라 여자가 남자를 위해 지음을 받았다"(9절)고 말합니다. 심지어 그래서 고린도전서 11장은 여자들에게 기가 막힌 요구, 곧 "여자는 머리에 무언가를 써야 한다"라는 가르침을 줍니다.

오늘날 한국 사회는 페미니즘이 엄청난 이슈몰이를 하고, 정당들도 너나 없이 여기에 편승하고 있어서 이제는 털끝만 한 문제도 잘못 건드리면 목이 날아가는 주제가 되어 버렸기 때문에 교회에서도 젊은 여대생이나 여고생들 중에서는 성경의 가치관 대신 페미니즘으로 무장한 여학생들을 쉽게 찾아볼 수 있습니다. 이런 이들에게 성경의 이런 가르침은 얼마나 턱없는 것이겠습니까? "아니 세상에! 이 최첨단 기술사회인 21세기에 고리타분하게 여자가 남자에게 복종이라니요! 이런 구시대적인 사고방식을 어떻게 따르라는 말입니까!" 아마 아주 많은 사람들이 이 문제에 대해 이렇게 반응할 것입니다.

실제로 여성 목사 제도 반대의 근간을 가지고 있는 말씀 중 하나인 디모데전서 2장 11절 이하를 보면 여자에게 "가르치는 일과 남자를 주관하는 일"(12절)이 허락되지 않은 이유는 '시대적인 상황 때문'이 아닙니다. 오히려 디모데전서 말씀은 여자에게 이것이 허락되지 않은 이유를 영원하고 불변한 가치로서의 질서인 "아담이 먼저 지음을 받고 하와가 그 후며"(13절)라는 말씀에서, 또 영원하고 불변한 가치로서의 범죄 사건인, "아담이 먼저 죄를 지은 것이 아니라 하와가 죄를 지은 것"(14절) 때문이라고 말씀하고 있습니다. 말하자면 여성 차별로 보이는 성경의 가르침은 그 시대가 그랬기 때문이 아니라 '창조'와 '타락'이라는 빼도 박도 못하는 절대적 사건을 기초로 하여 그 근거가 제시되어 있는 것입니다(그러므로 디모데전서 2장의 말씀을 근거로는 결코 여성 목사 제도를 옹호할 수 없다).

성경이 이렇게 가르치고 있기 때문에 결국 성경의 대략을 깨달은 사람이 페미니즘을 고수하려면 성경을 부인할 수밖에 없습니다. 믿음이 만약 진실로 남성과 여성의 성차별을 시도하고, 그래서 여자는 항상 남자에게 지배받아야 하고 복종해야만 하는 존재라고 한다면, 그런 성경의 가르침 따위 받지 않겠다고 한다는 것입니다. 하지만 이 모든 이해가 다 잘못된 것입니다. 다시 고린도전서 11장으로 돌아가서 "여자가 남자의 아래에 있어야 한다"는 가르침의 퍼즐의 나머지 부분을 함께 맞춰봅시다.

3절은 우리에게 "여자의 머리는 남자다"라고 가르칩니다. 그러나 여기에 함께 "남자의 머리는 그리스도요, 그리스도의 머리는 하나님이시다"라는 말씀이 붙어 있습니다. 그러면 우리는 질문해야 합니다. "정말 남자에 대한 여자의 복종이 억압적이라면, 성자께서 성부께 복종하는 것도 억압적인 것입니까?" 그렇지 않습니까?

여자는 아래에 있다는 표시로 머리에 무언가를 써야 한다고 했는데, 7절 말씀은 "남자는 하나님의 형상과 영광"이라고 하였습니다. 그렇다면 남자가 그리스도의 아래에 있어서 그분의 형상과 영광이 된다는 것은 비참하고 거북한 것입니까?

우리는 고린도전서의 가르침을 보면서, 우리가 '세상의 삐뚤어진 관점' 때문에 성경의 가르침을 제대로 보지 못한다는 것, 곧 얼마나 부적합하게 해석해 왔는지를, 또 '세상의 폭압적 복종에 대한 경험' 때문에 성경의 아름다운 복종을 얼마나 잘못 이해해 왔는지를 분명히 깨닫게 됩니다.

성경은 복종을 제시할 때 가장 먼저 그 기원으로서, '그리스도의 복종'을 제시합니다. 그리스도는 성부 하나님과 동일하신 분으로서 동일하게 존중받아 마땅하신 분입니다. 하지만 빌립보서는 그 동일하신 분께서 "그는 근본 하나님의 본체시나 하나님과 동등됨을 취할 것으로 여기지 아니하시고 오히려 자기를 비워 종의 형체를 가지사"(빌 2:6-7)라고 하였습니다. 이 구절의 완성은 이것입니다.

"자기를 낮추시고 죽기까지 '복종'하셨으니 곧 십자가에 죽으심이라"(빌 2:8)

그리스도의 복종이 굴종입니까? 그리스도의 성부께 대한 복종이 억압이요, 부적절한 권위 때문에 빚어진 강제적 낮춤입니까?

그리스도인은 세상과 다른 관점을 가져야 합니다. 우리가 만약 남편과 아내의 관계에서 복종을 제대로 말하려고 한다면 무엇보다 먼저 이 복종의 세속적 의미를 끊어버리고 성경이 가르치는 복종을 먼저 이해한 후에 말해야 합니다. 섣부르게 세상의 복종 개념으로 성경을 고리타분한 책으로 여겨서는 안 된다는 것입니다.

성경의 복종은 아름다운 것입니다. 왜냐하면 이 복종이 다름 아닌 '삼위 하나님께서 상호 간에 가지신 관계의 방식'이기 때문입니다. 성자께서는 성부께 아름답게 복종하셨고, 그 복종의 정신을 부부 관계에 구현해 놓으셨습니다. 따라서 만약 그리스도인 부부가 성경 말씀을 제대로 이해한다면 이 관계 속에서 '그 복종'이 나타나야 합니다. 이것은 세상의 정신과는 아무런 관계가 없는 것입니다.

이 사랑의 성격

언어란 것은 본질적으로 의미를 담는 '그릇' 같은 것이기 때문에 말 자체가 그 내용 자신인 것은 아닙니다. 그러다 보니 문제가 생길 때가 있는 것이, 대표적으로 번역 같은 데서 발생합니다. 두 언어 간에 아무리 비슷한 개념이 있다고 하더라도 완전히 일치되기는 어려운 법인데, 그래서 어떤 단어를 다른 언어로 번역하려고 할 때 제아무리 비슷한 의미의 단어를 쓰더라도 흡족치 못할 때가 생기는 것입니다.

이런 언어의 문제가 교회 대 세상, 신자 대 불신자의 관계에서도 발생합니다. 가장 흔한 것으로 '은혜'라는 말을 생각해 보십시오. 교회 안에서 '은혜'라는 말이 성경의 의미를 거치지 않고 세상에서 사용되는 개념을 그냥 가져와서 사용하다 보니 '은혜'와 '감동'을 구분하기 어려워졌습니다. 성경에서 '은혜'라는 개념은 거기에 반드시 '하나님'이 들어있어야 합니다. 은혜의 기본 의미가 '하나님께서 호의로 주신 선물'이라는 개념을 담고 있기 때문에, 이 말을 사용하려면 거기 하나님이 없으면 불가능한 것입니다. 그런데 이를 세상에서 사용하는 방식 그대로 가져와서 쓰다 보니 영화를 보고도 '은혜를' 받는 것이 가능하고, 신파적인 요소가 잔뜩 들어있는 간증을 들으면서 '은혜를' 받는 것이 가능하게 된 것입니다.

'사랑'이라는 개념 역시 그렇습니다. 성경에서 '사랑'이라는 말은 통상 여러 개의 단어를 가지고 있습니다. 우리가 잘 아는 본문으로 요한복음 21장을 들 수 있는데, 부활 후에 예수님께서는 자기를 부인했던 베드로를 찾아가셔서 그에게 물으십니다. 우리말 성경으로는 그냥 "네가 나를 더 사랑하느냐"라고 번역되어 있습니다. 그러나 여기에 사용된 단어는 '아가페'이기 때문에 예수님께서는 사실 베드로에게 "네가 나를 아가페하느냐?"라고 물으신 것입니다.

이때 베드로는 예수님께 "내가 주님을 사랑하는 줄 주님께서 아십니다"라고 대답합니다. 역시 우리말로는 '사랑'이라고 번역되어 있지만 베드로는 사실 "내가 주님을 필레오하는 줄 주님께서 아십니다"라고 대답했습니다. 두 단어가 다르게 사용되었지만 번역에서 이 의미를 살릴 수 없기 때문에 그냥 둘 다 '사랑'이라고 번역한 것입니다.

예수님은 두 번째로 다시 베드로에게 "네가 나를 아가페하느냐"라고 물으십니다. 두 번째에도 베드로는 다시 "내가 주님을 필레오하는 줄 주님께서 아십니다"라고 대답합니다. 이어지는 대화에서 왜 주님께서 계속 아가페로 물으시는데 베드로가 필레오로 대답하는지는 그 언어를 사용하는 사람들만 느낄 수 있는 뉘앙스가 있습니다.

끝으로 주님께서 세 번째 물으실 때는 "네가 나를 필레오하느냐"라고 물으셨습니다. 그러자 베드로는 "주님 모든 것을 아시니 내가 주님을 필레오하는 줄 주께서 아십니다"라고 대답합니다.

이 예를 드는 이유는 우리말로는 '사랑'이라고 할 때 도무지 성경의 '사랑'을 옮길 방법이 없다는 것을 말씀하기 위해서입니다. 성경에서는 '사랑'이라고 할 때 '필레오'도 있지만 '아가페'도 있습니다. 그리고 흔히 잘못 사용되는 용어로 '에로스'라는 말도 있고 우리가 잘 모르는 말로는 '스테르고' 같은 말도 있습니다. 그런데 이때 '아가페'라는 것은 통상 우리말로는 '사랑'이라고밖에 할 수가 없지만, 이때의 사랑은 '하나님께서 사랑하시는 사랑'을 말하는 것입니다.

우리가 아무리 세상과 동일한 단어를 사용한다고 하더라도 '하나님의 사랑'의 의미를 담고 있는 단어를 세상에서 찾을 수는 없습니다. 따라서 용어를 같이 사용하는 것은 앞선 '은혜'의 예처럼, 사랑의 본질적인 의미를 놓쳐버리게 할 소지가 충분한 것입니다. 그렇다면 우리가 왜 그리스도인이면서도 이성 간의 '사랑'을 말할 때는 자꾸 로맨스를 떠올리고, 부부간의 사랑을 말하면서 연애 드라마에서나 등장하는 사랑으로밖에 이해할 수 없는가 하면, 여기 '사랑'이라는 말 안에 도사리고 있는 세상의 사용과 성경의 사용의 커다란 간극을 이해하지 못하기 때문입니다.

에베소서에서 남편이 아내를 '사랑해야' 한다고 말씀할 때의 단어는 '아가페'입니다. 에베소서는 "남편들아, 아내 아가페하기를 그리스도께서 교회를 아가페하시고 위하여 자신을 주심같이 하라"고 말씀합니다. 이때 남편이 아내를 사랑하는 것을 '아가페'로 제대로 이해하지 못하면 결코 남편의 사랑이 '그리스도께서 교회를 사랑하시는 것'과 같다는 비밀을 이해할 수 없습니다. '복종'이 세상의 의미와 다른 것 만큼이나 '사랑'도 세상의 의미와 다릅니다. 우리는 성경을 통해 배워야 하고 성경이 가르치는 것을 붙들어야 합니다. 그러면 이 사랑의 의미는 어떤 것입니까?

25절은 남편의 아내 사랑을 "그리스도께서 교회를 사랑하시는 것" 그리고 "자신을 주시는 것"과 연결시킵니다. 문구를 보면 분명 대칭을 이루어 쓰여 있는 것인데, "남편(남성형), 사랑하다(현재 명령), 아내(여성형)", 그리고 "그리스도(남성), 사랑하다(과거, 사랑하셨다, 입증), 교회(여성형)"입니다.

동사에 있어서 그리스도께서 이미 하셨던 것을 남편에게 요구하고 있으니 시제의 차이가 있는 것은 당연하겠지만, 여기에는 한 가지 더 덧붙여져 있는 요소가 있습니다. 곧 "교회를 위하여 자신을 주신 것"입니다.

이 말씀을 우리가 그대로 받는다면, 남편의 아내 사랑이란 단지 그리스도께서 교회를 사랑하시는 것과 유비적으로 닮아있기만 한 것일 수는 없습니다. 오히려 남편의 아내 사랑이란 그리스도께서 교회를 위하여 자신을 주신 것처럼 해야 하는 사랑이기 때문입니다.

이것을 과연 사람 남편이 행할 수 있는 일일까요? 과연 이런 말씀을 읽으면서 우리가 혼인을 생각한다면 남편이 아내를 사랑한다는 사실을 TV 드라마에 나오는 연인 관계에서처럼 단순히 그렇게 로맨틱하게만 생각할 수 있는 일일까요? 경건을 가진 신실한 신자라면, 결코 우리가 아내를 사랑하는 일이 그리스도께서 교회를 사랑하시고 위하여 자신을 주시는 것과 같은 그런 것이 '될 수 없다는 것을' 잘 알 수 있을 것입니다.

그리고 이어서 말씀은 이후에 굉장히 긴 한 내용을 더 덧붙이는데, 총 세 개의 목적절로 구성되어 있는(헬. 히나) 부분입니다. 우리가 이를 좀 쉽게 이해하려면 "이러저러한 일을 위하여" 정도로 읽으면 괜찮을 것 같습니다. 그러니까 "남편들아 아내를 사랑하라"와 "그리스도께서 교회를 사랑하신 것처럼, 위하여 자신을 주신 것처럼"이라고 말씀하신 것의 목적 부분이 되는 셈입니다.

세 목적절은 첫째는 "물로 씻어 말씀으로 깨끗하게 하사 거룩하게 하는 것"(26절)입니다. 둘째와 셋째는 우리 성경에는 27절 한 절 안에 한 문장으로 되어 있지만 두 목적절입니다. 둘째는 "티나 주름 없이 영광스러운 교회로 세우시는 것"이고, 셋째는 "거룩하고 흠이 없게 하시는 것"입니다.

지면상 각각의 내용을 상세하게 설명할 수는 없지만, 겉으로 대강 읽더라도 이 가르침이 우리에게 보여주는 바는 명확합니다. 그리스도께서는 왜 교회를 사랑하셨고, 위하여 자신을 주셨습니까? 교회가 "세례를 통하여 깨끗하여지고", "티나 주름 없이 영광스럽게 되며", "흠 없는 거룩에" 도달하게 되기 위해서입니다.

우리는 압니다. 우리는 결코 '깨끗하여진 뒤에, 영광스러워진 뒤에, 흠 없고 거룩하여진 뒤에' 그리스도를 만나지 않았습니다. 우리는 더럽고 부실했는데, 그리스도께서 이런 우리를 먼저 만지심으로써 후에 이런 일들을 입게 된 것입니다. 즉, 우리는 이 구절을 읽으면서 그리스도인으로서의 우리를 보게 됩니다. 더럽고, 어리석고, 부족했는데, 우리를 품으신 그리스도를 떠올리게 되는 것입니다.

하지만 기억하십시오. 우리는 이 말씀이 여전히 "남편들아, 아내를 사랑하라"는 말씀을 설명하고 있는 부분임을 잊어서는 안 됩니다. 우리는 지금 구속론 혹은 교회론을 배우는 것이 아닙니다. 하지만 보십시오! 이 내용은 이미 교회론을 향했습니다. 그렇다면 우리가 이 가르침이 여전히 남편의 아내 사랑이라는 주제 안에 있음을 잊어버리지만 않는다면, 도리어 이 말씀을 통해서 이 '남편의 아내 사랑'이라는 주제가 얼마나 기이한 것인지, 또 사람 남편으로서 아내에게 도무지 해 줄 수 있는 종류의 일인지에 대해 분명히 볼 수 있는 것입니다.

혼인은 '막중한 신비'입니다. 우리가 앞서 복종에 대해 다루었지만, 복종이 세상의 가벼운 개념들과 다른 '그리스도의 성부께 대한 복종'인 것과 마찬가지로, 인간 남편이 인간 아내에게 주는 사랑 역시 기이한 사랑입니다. '그리스도께서 교회를 거룩하게 하기 위하여 자신을 주신 행위가 남편의 아내 사랑에 드러나도록' 하나님께서는 혼인을 설계하신 것입니다.

그러므로 남편/아내 가르침의 시작 부분 주제로 다시 돌아갑시다. 이 모든 가르침은 "성령의 충만을 받으라"의 부속 구절입니다. 우리는 복종도, 사랑도 할 수 없습니다. 우리는 세상이 가르치는 복종과 사랑밖에 모르고 성경의 가르침에 제대로 이를 수 없습니다. 그러나 그리스도 안에 있을 때, 그리스도인 남편과 아내는 세상이 전혀 알지 못하는 방식의 혼인 관계가 가능하게 됩니다. 에베소서의 '막중한 신비를 품은 혼인'이 우리들 속에도 일어날 수 있게 되는 것입니다. 우리를 새로운 존재로 만들어주는 분이 누구십니까? 이 모든 관계의 원천이신 성령님이십니다. 아멘!

Q. 성경의 '복종'과 '사랑'에 대한 가르침에서 가장 우선해야 하는 점은, 우리가 성경의 개념을 모른 채 세상의 가치관을 여기에 투영하고 있다는 것을 깨닫는 것입니다. 복종과 사랑에 대해 배우면서 나의 가치관을 한 번 돌아보십시오. 나는 복종이든 사랑이든, 혼인의 의미이든 간에 항상 세상과 같은 방식으로 생각하지는 않았습니까? 나는 TV 드라마에서 보여주는 로맨스가 참 랑이며, 지향해야 할 혼인 관계라고 여기지는 않았습니까?

Q. 이 장에서 배운 '복종의 성격'의 핵심은 어떻게 정리해 볼 수 있습니까? 에베소서가 보여주고 있는 '복종'은 어떤 점에서 삼위 하나님의 관계성을 부부 관계 속에 투영하고 있습니까?

Q. 이 장에서 배운 '사랑의 성격'의 핵심은 어떻게 정리해볼 수 있습니까? 에베소서가 보여주고 있는 '사랑'은 어떤 점에서 삼위 하나님의 관계성을 부부 관계 속에 투영하고 있습니까?

Q. 혼인이 '막중한 신비'라는 말을 묵상합시다. 우리는 우리의 관계성 속에서 하나님의 뜻이 이루어진다는 것을 깊이 깨닫는다면 지나치게 경거망동하지 않을 것입니다. 혼인을 눈앞에 두고 있거나, 혹은 오랫동안 혼인 관계를 유지한 부부라 할지라도 자신이 세상 사람들과 똑같은 방식으로 생각하면서 대한 이 혼인이 얼마나 '무거운' 것인지를 깨달을 수 있을 것입니다. 내가 혼인의 관계를 '무거운' 것으로 여기게 될 때, 나의 태도에서 일어날 가장 큰 변화는 무엇일 것 같은지 함께 이야기해 봅시다.

제4장
혼인과 교회

제4장
혼인과 교회

교회론 속으로 포섭되는 혼인 관계

개혁파 혹은 보편적 신앙고백들이 창조에 관하여 공통적으로 고백하고 있는 진리 중 하나는 하나님께서 세상을 창조하실 때 그 창조의 원인이 오직 '하나님 자신께만' 있었다는 것입니다. 통상 이것을 하나님께서 세상을 '무로부터(Ex Nihilo)' 창조하셨다고 말하는데, 이 말의 의미는 하나님의 창조가 그 어떤 것에도 기초하지 않고 오직 하나님 자신에게만 기초했다, 곧 어떤 재료도 갖지 않으시고 그분께 영감을 주는 어떤 설계 도면도 없이 오직 자신에게만 의지하여 세상을 지으셨다는 뜻입니다(재료를 갖고 지으셨다면 완전한 무로부터의 창조가 아니다). 그렇다면 이때의 창조는 중요한 특징 하나를 갖게 되는데, 모든 피조물들이 '그분을 반영'하고 있다는 것입니다(그분을 통해 지어졌으므로). 이를 대표적인 시편 중 하나인 19편에서 이렇게 노래하고 있습니다.

> "하늘이 하나님의 영광을 선포하고 궁창이 그의 손으로 하신 일을 나타내는도다"(시 19:1)

창조 세계가 다름 아닌 '하나님을' 반영하고 있다는 사실은 여러 가지 방식으로 이해할 수 있습니다. 예를 들어, 우리는 하나님께서 왜 세상에 '부모와 자녀'라는 관계를 상정해 놓으셨는지를 이런 이해를 통해 알 수 있습니다.

부모와 자녀의 관계는 애초에 반드시 그래야만 했던 것이 아니라 하나님께서 그 방식을 원하셨기 때문에 존재하는 것으로, 분명 하나님은 이외 다른 수많은 방식으로도 피조물의 번성을 구상하실 수 있었습니다. 그럼에도 하나님께서 이렇게 지금 우리가 아는 부모와 자녀라는 방식을 세상에 존재하게 하신 가장 중요한 이유는 그 원인이 하나님 자신의 관계성에 있습니다. 곧 삼위 하나님께서 아버지와 아들이라는 관계로 계시기 때문입니다.

하나님은 자신의 속에 계신 바로 그것을 가지고 세상에 투영(投影)하십니다. 그래서 성경 말씀 역시 하나님과 그분의 백성 간의 관계를 부모와 자녀라는 관계로 설명하고 있는 것입니다. "이스라엘은 내 아들 내 장자라"(출 4:22), "소는 그 임자를 알고 나귀는 그 주인의 구유를 알건마는……행악의 종자요 행위가 부패한 자식이로다"(사 1:3-4), "그러나 여호와여, 이제 주는 우리 아버지시니이다"(사 64:8).

우리가 세상의 창조를 이런 이해를 가지고 바라보게 되면, 언제나 모든 피조 세계 안의 것들의 원인은 모두 삼위 하나님께 있게 됩니다. 즉, 삼위 하나님께서 언제나 원형(元型)이 되시고, 이 세계 속에 하나님께서는 이것의 대형(對型, 혹은 모형)을 존재하게 하시는 것입니다.

그러므로 우리는 이제 이 이해를 갖고서 '혼인 관계'를 볼 수 있습니다. 혼인 관계 또한 이 삼위 하나님의 관계성이 세상 속에 투영된 방식인 것입니다. 그래서 우리가 앞서 살핀 에베소서에서는 남편과 아내의 관계를 설명하고 난 후에 이렇게 말씀한 것입니다.

"이 비밀이 크도다 나는 그리스도와 교회에 대하여 말하노라"(엡 5:32)

이제 여기에서 다음 단계로의 진전을 생각해 보아야 합니다.

우리가 진지하게 에베소서의 남편·아내에 대한 권면을 받아들였다면, 이제 이 '복종'과 '사랑'의 주제는 단순하게 '개인적으로 행해야 할 강령'의 문제로 그치지 않음이 마땅하게 됩니다. 왜냐하면 에베소서는 남편과 아내의 이름으로 행해야 할 여러 가지 이야기를 단순히 남녀 관계에서 풀어가야 할 사적 과업의 문제로 보지 않을 뿐만 아니라(앞서 살핀대로 이렇게 보기에는 복종과 사랑은 너무나 사적인 문제들과 멀리 떨어져 있습니다. 이는 너무나 그리스도와 교회의 관계를 보여주고 있는 것입니다), 이 이야기의 결론을 "그리스도와 교회의 관계를 말하고 있다"면서 맺고 있기 때문입니다. 성경이 흔히 이야기의 결론부에 주제를 놓는 것을 즐겨한다는 것을 생각한다면 이 강조점은 더욱 선명해집니다.

그러면 우리는 무엇을 말해야 합니까? 혼인이라는 주제를 단순하게 '내가 개인적으로 얼마나 행복해질 것인가? 나는 혼인을 통해서 어떤 배우자를 만나서 어떤 사랑을 할 것인가?' 이런 생각들에만 국한되어 있던 우리의 시각이, 만약 우리가 이전에 배웠던 에베소서의 남편/아내 관계를 통해서 "아! 우리가 혼인을 통해서 진정으로 생각해야 할 것은, 아내의 복종을 통해 혼인한 가정 안에서 그리스도의 복종이 무엇인지가 드러나게 하는 것이었구나!", "아! 우리가 혼인을 통해서 진정으로 생각해야 할 것은, 남편의 사랑을 통해 혼인한 가정 안에서 그리스도의 사랑이 무엇인지가 드러나게 하는 것이었구나!"라는 방향으로 선회할 수 있게 되었다면, 이제는 거기에서 더 나아가 혼인의 관계가 교회론 속으로 포섭되어야 한다는 것도 발견하게 되는 것입니다. 바로 이 말씀, 에베소서 5장 32절의 말씀 곧 혼인을 말하면서 "이 비밀이 크다!" 그리고 이 비밀이란 다름 아닌 "그리스도와 교회에 대한 이야기이다"라는 말씀 말입니다.

뼈 중의 뼈, 살 중의 살로서의 교회

개혁파 신앙고백·교리문답들이 모두 아름답지만 그중 목회적 성격과 문장의 아름다움을 생각하면 하이델베르크 교리문답은 매우 빼어납니다. 그리고 하이델베르크 교리문답의 내용들이 모두 심미적 요소를 잘 겸비하고 있지만 그 중 성경신학과 교의학의 어우러짐이란 면에서 76문답은 더욱 그러하다고 하겠습니다. 76문답은 성찬에 대한 고백인데 "십자가에 달리신 그리스도의 몸을 먹고 그의 흘리신 피를 마신다는 것은 무슨 뜻입니까?"라고 물은 다음에 이렇게 대답하고 있습니다.

"그것은 믿는 마음으로 그리스도의 모든 고난과 죽음을 받아들이고 이로써 죄 사함과 영원한 생명을 얻는 것이며, 나아가 그리스도 안에 또한 우리 안에 거하시는 성령님으로 말미암아 우리가 그리스도의 거룩한 몸에 더욱더 연합됨을 의미합니다. 비록 그리스도는 하늘에 계시고 우리는 땅에 있다 할지라도 우리는 그의 살 중의 살이요, 그의 뼈 중의 뼈이며 마치 우리 몸의 지체들이 한 영혼에 의해 살고 다스림을 받는 것처럼 우리도 한 성령님에 의해 영원히 살고 다스림을 받습니다."

교회론에 있어 성경신학의 성격을 강조하면 교회의 구속역사 속에서의 위치를 잘 살리되 교회 됨의 복잡 미묘한 의미들을 놓칠 위험이 있고, 반대로 교의학의 성격을 강조하면 교회 됨의 의미는 잘 포착하여도 그것이 성경 역사 속에서의 조화로움 속에 위치하고 있음을 간과할 위험이 있습니다. 그런 면을 생각한다면 하이델베르크 교리문답 76문답의 이 대답은 그야말로 교회론의 교의학적 대답을 성경신학의 답변으로 풀어낸 명문장이라고 생각합니다.

성찬을 설명하면서 교리문답은 성찬을 받을 때 우리가 '개인적으로' 그리스도의 고난과 죽음을 받아들이는 면에 그치지 못하도록 하면서, 이를 쭉 앞으로 더 전개시켜서 "성령님으로 말미암아", 우리가 그분의 "거룩한 몸에 더욱 연합됨"을 설명합니다. 말하자면 성찬을 받을 때 우리는 "내가" 그리스도의 죽으심을 온 맘과 온몸으로 경험하게 되는 견지에 그치는 것이 아니라, 성찬을 통하여 "그리스도의 몸에 연합", 즉 "교회의 일원이 됨"을 설명하는 것입니다.

그리고 교리문답은 이 성찬을 통해 교회의 한 부분으로 연합됨을 성경 그대로의 용어인 "뼈 중의 뼈, 살 중의 살"이라는 용어로 종합 정리합니다. 이 부분이야말로 앞서 말한 교의학과 성경신학의 어우러짐의 백미일 것입니다.

"뼈 중의 뼈, 살 중의 살"이라는 표현은 하나님께서 아담의 갈비뼈에서 하와를 만드셔서 처음 데리고 오셨을 때 아담이 한 말입니다(창 2:23). 따라서 교리문답이 교회를 설명하면서 "우리가 성찬에 참여할 때 그리스도의 거룩한 몸에 연합된다. 비록 그리스도께서 하늘에 계시고 우리가 땅에 있다 할지라도 우리가 그분의 뼈 중의 뼈요 살 중의 살이다"라고 고백하는 것은 매우 현저하게 교회 됨을 혼인으로 결부시킨 중요한 고백인 것입니다. 즉, 교리문답은 무언가 복잡한 설명을 곁들이는 대신 이 간단한 문구인 "뼈 중의 뼈, 살 중의 살"이라는 표현만을 사용하여, 이 문구에 들어있는 복잡한 성경신학적 내용을 모두 한 문단 안에 함축적으로 담아낸 기가 막힌 고백인 것입니다.

비록 우리와 신앙고백이 다르긴 하지만 예배 예전의 훌륭한 교사 중 하나인 알렉산더 슈메만(Alexander Schmemann)은 혼인에 관해 설명하면서(정교회 사제임) 혼인을 통해 여성은 "피조물로서의 여성성을 드러내고", 남성은 "그리스도 · 하나님을 드러내는 사제로서 기능하게 된다"라고 이야기했습니다.

우리는 비록 슈메만처럼 혼인을 성례로 받지는 않지만, 그가 말하고 있는 혼인의 기능을 교회론적으로 이해하는 것은 매우 중요합니다. 오늘날처럼 남성성과 여성성이 모두 함몰당하고 있는 시점에서, 피조물은 존재론적으로 하나님에 대하여 수동성을 갖고 있기 때문에 여성은 그 자체로 피조물 전체를 드러내고 있고 남성은 그리스도를 드러내는 역할을 하는 사제가 되어 하나님의 우선성과 하나님의 주도권을 나타내는 것이 혼인의 본 의미라고 이해하는 것은, 지독하게 세속화되어 있는 오늘날의 교회들이 겸허하게 받아들여야 할 중요한 통찰력입니다. 혼인이란 그야말로 단순히 '사적인 연애감정의 결과물'이 아니라, 남편 하나님께서 신부 피조물과의 연합과 관계 속으로 들어오신다는 지극히 놀라운 하나님의 선언이 담긴 방편인 것입니다. 그러므로 우리는 지금도 역시 그리스도께서 우리를 "뼈 중의 뼈, 살 중의 살"로 불러주신다는 기대 안에서 교회와 연합하고, 또 혼인을 통해 이를 바라보아야 할 것입니다.

혼인과 성찬

이렇게 하이델베르크 교리문답 76문답은 "뼈 중의 뼈, 살 중의 살"이라는 표현으로 요약되는데, 이때 교리문답의 표현인 "우리는 그의 살 중의 살이요, 그의 뼈 중의 뼈이며"라는 표현은 구체적으로는 '성찬에' 적용된 것입니다. 76문답은 성찬을 설명하는 28주일에 위치하고 있는 것입니다. 그렇다면 우리는 이 사실을 통해서 우리가 그리스도와의 혼인 관계로의 연합, 곧 "우리가 그분의 뼈 중의 뼈요 살 중의 살이라는" 사실이 무엇보다 '성찬에서' 크게 드러나게 된다는 것을 잘 알 수 있습니다.

그래서 이 76문답을 조금 더 들여다보면 앞의 내용은 "우리는 성찬의 떡을 먹고 마시는 일을 통해서 우리 안에 거하시는 성령님을 통해 그리스도의 거룩한 몸에 더욱더 연합된다", "이는 비록 그리스도는 하늘에 계시고 우리는 땅에 있다고 할지라도 그러하다"라고 되어 있습니다. 바로 이 내용 다음에 "뼈 중의 뼈, 살 중의 살"의 언급이 나옵니다.

즉, 우리는 본질적으로 중생을 통하여 그리스도께 연합되어 있지만, 교리문답의 표현대로 하자면 "더욱더"의 연합, 그러니까 우리 주님과의 혼연일체 됨, 하나 됨, 이것들은 성찬에서 경험하게 되는 일이라는 말입니다. 그리고 이 "그리스도의 거룩한 몸에 더욱더 연합됨"이란 "비록 그리스도께서 하늘에 계시고 우리가 땅에 있다는" 이 이격의 격차에도 불구하고 우리와 그분이 부부의 한 몸 됨과 같이 하나

기독교 사용 설명서 10 혼인

가 된다는 것입니다.

우리는 혼인을 '인륜지대사'(人倫之大事)라고들 합니다. 그러나 진정한 의미에서의 혼인이란 단지 '인륜'의 대사일 수는 없습니다. 왜냐하면 혼인의 원형이 되는 일은 혼인 그 자체가 아니고 언제나 그리스도와 그의 신부된 교회와의 연합이기 때문입니다. 주님께서는 교회에 두 가지 성례를 주심으로써 우리로 하여금 인륜지사 속에서 신적 의미를 찾도록 하셨습니다.

세례는 우리 주님과의 관계 속으로 들어가는 관문입니다. 세례는 죄로 말미암아 사탄의 종 되었던 인류가 피 남편이신(출 4:25) 주님으로 말미암아 신부로 거듭나 혼인 관계를 맺는 일입니다. 우리가 잘 아는 세례 명령 구문인 마태복음 28장의 "아버지와 아들과 성령의 이름으로 세례를 주고"(19절)에서 이름"으로"는 정확하게는 "안으로, 속으로"입니다(헬라어 '에이스'는 영어 into에 해당한다). 우리는 세례를 통하여 그리스도 안으로, 더 넓게는 삼위 하나님 안으로 들어가는 것입니다. 세례는 혼례이며 우리가 '떼려야 뗄 수 없는 혼인의 연합 관계 안에' 들어감입니다.

그리고 이렇게 세례를 통하여 그분 안으로 들어오게 된

신부는 이제 교리문답의 표현처럼 "'더욱 더'의 연합", 곧 부부관계의 친밀함 속으로 들어가게 됩니다. 고린도전서 10장 말씀은 "우리가 축복하는 바 축복의 잔은 그리스도의 피에 참여함이 아니며 우리가 떼는 떡은 그리스도의 몸에 참예함이 아니냐"(16절)라고 말씀합니다. 여기 "참여함"은 우리가 통상 '코이노니아'(Koinonia)라고 말하는 그 '교제'입니다. 고린도전서 10장 말씀은 우리가 떼는 떡과 붓는 포도주를 통하여 그리스도 그분과의 교제 '속으로' 들어가게 된다고 말씀하고 있는 것입니다.

통상의 세계에서 '먹은 것'은 '먹는 이'에게 흡수되고 포함됩니다. 내가 빵을 먹는다면, 그 빵은 내게 흡수되고 포함되어 나의 일부분이 됩니다. 그렇다면 '먹은 것'인 빵은 '먹는 이'인 나에게 일부분이 되는 셈입니다. 그러나 성경이 말하는 우리 주님의 몸, 성찬의 떡과 포도주는 전혀 반대 방향의 효과를 냅니다. 우리는 '떡과 포도주를' 먹고 마시는 일을 통하여 '그 떡과 포도주가 나에게' 연합하는 것이 아니라, '내가 그 떡과 포도주가 표상하는 그리스도께' 연합하는 경험을 하게 되는 것입니다.

이것을 고린도전서 10장은 '코이노니아'로 표현하고 있습니다. 성찬식에서 떡과 포도주를 마시는 일은 '장례식'이나 '추도식'이 아닙니다. 우리는 성찬을 통해서 '이미 죽은 이'를 기념하지 않습니다. 우리는 성찬을 통해서 '죽었다가 부활하신 이'를 기념하는 것이며, 그런 점에서 성경에서 포도주는 언제나 잔치 음료입니다(단지 물의 대용품이 아니다). 우리는 이 음식과 음료를 통해서 통상의 음식이 내 안으로 들어오는 것과는 반대로 내가 그리스도 안으로 들어가게 되며 이것을 교제, 즉 '코이노니아'라고 하는 것입니다.

성찬은 혼인의 긴밀함, 부부간의 연합을 보여주는 방식으로 우리에게 제시되었습니다. 그렇다면 모형이요 상징이 되는 우리의 혼인은 언제나 원형이요 본질이 되는 그리스도와의 혼인 관계를 '생각나게 하는 것'이 되어야 합니다. 지도에서 구불구불한 줄이 세 줄 올라오는 아이콘을 보면 거기 목욕탕이 있다고 생각하게 되듯이, 도로에 그어져 있는 여러 개의 흰색 가로줄들은 곧 그리로 사람이 횡단한다는 지시가 되듯이, 우리의 인륜지사 속에 있는 혼인 관계의 긴밀함은 그리스도와 우리와의 성찬적 연합을 드러내주고 있습니다.

교회 질서와 혼인

혼인이 이렇게 대단히 선명하게 그리스도와 교회라는 남편과 아내의 관계를 보여주는(원형적) 이 땅에서의 남편과 아내 관계이기 때문에(모형적), 교회는 단순히 어떤 형제·자매의 혼인을 구경하는 식으로 방관자가 되어서는 안 됩니다. 우리는 혼인을 로마교회에서나 정교회에서처럼 성례라고 해서는 안 되지만, 그렇다고 해서 혼인을 '개인이 스스로 알아서 하도록' 두어서도 안 됩니다. 오늘날 혼인의 문제는 거의 대부분의 사람들에게 '사적인 문제'가 되어 버렸습니다. 하지만 성경도, 교회사도 이런 입장을 가르치지 않습니다.

교회는 성도들이 혼인에 대하여 바른 태도를 가질 수 있도록 적극적으로 가르쳐야 하며, 또한 혼인 이전의 연애, 혼인을 실제로 앞두고 있을 때의 준비 과정, 그리고 실제적으로 혼인 예식을 시행하는 모든 절차적 문제 등에 있어서까지 성도들이 바르게 혼인할 수 있도록 계속해서 지도하고 지침을 알려주며 바른길로 갈 수 있도록 이끌어주어야 하는 것입니다(성도가 순종해야 함은 마땅합니다).

웨스트민스터 신앙고백서 24장은 '결혼과 이혼'을 주제로 삼고 있습니다. R.C. 스프라울은 이 장을 설명하면서 결혼식에서(아마도 미국의) 주어지는 통상의 말을 인용하는 가운데 이를 이렇게 해설했습니다.

> "결혼은 하나님의 계명들로 규제됩니다. 결혼은 인류에 대한 하나님의 선물이며, 하나님이 명령하시고 정하시고 세우신 제도입니다. 하나님은 결혼이라는 유산을 만들어 인류에게 주시기만 하시고 실제 결혼에 있어서는 우리가 원하는 것을 마음대로 하도록 내버려 두신 것이 아닙니다(R.C. 스프라울, 『웨스트민스터 신앙고백 해설』, 부흥과개혁사, 47.)."

신자가 혼인을 한다는 것은, 그 이전까지는 혹은 삶의 다른 어떤 영역들에서는 교회의 가르침에 진지하게 따르다가 이 부분, 이 시기에 와서는 전혀 교회의 가르침과는 상관없이 그저 세상의 것들로 가득 찬 어떤 일을 선택하는 것이 아닙니다. 오히려 혼인은 어떤 면에서는 우리의 신앙생활의 극치라 할 수 있는 '그리스도와 교회와의 연합'을 자신의 삶에서 실제로 경험할 수 있는 대단히 경이로운 어떤 일이기 때문에, 우리는 혼인 앞에서 더더욱 교회의 가르침에 진지하게 귀를 기울일 수 있어야 하며 혼인을 통해 교회 됨 속에서 혼인함을 경험할 수 있어야 하는 것입니다.

실제 우리들에게는 혼인을 앞둔 시점의 지침 같은 것이 별로 없습니다. 원래 전통적 교회들은 혼인 예식에 관하여 예전적으로 주어져 있는 지침들이 있습니다. 그러나 교회의 형제·자매가 혼인을 하려고 할 때 그 전부터 구체적으로 무엇을 어떻게 해야 할지에 대해서는 따로 지침들이 없기 때문에 이에 대해서는 교회들마다 진지하게 고민하여 기준들을 세우는 것이 필요하리라 생각합니다. 이 글에서는 상세한 논의는 어렵겠습니다만, 일종의 예가 될 수 있는 몇 가지 지침들을 언급하는 정도는 가능하리라 생각합니다.

1. 혼인을 멀리 앞두고 있는 청년의 시기(대학생 정도)에 미리 혼인에 대한 기초교육을 교회가 갖는 것이 좋다.
   : 젊은 시절의 단순한 이성에 대한 호기심을 충족시키는 교육이 아니라 혼인의 성경적 의미에 대한 올바른 시각을 정립할 수 있는 교육이 필요합니다.
2. 교회는 공적으로 신자의 불신자와의 혼인 문제에 대해 신앙고백적, 교회질서적 기준을 충실히 가르쳐 애초에 이를 원천 차단할 수 있는 방법을 가져야 한다.

: 물론, 가장 좋고 중요한 방법은 청년의 시기에 '스스로' 이를 하지 않을 수 있는 마음을 가질 수 있게 잘 교육하는 것입니다.

3. 교회는 청년의 이성 교제에 대해 미리 가르쳐야 하며, 혼인을 전제하지 않는 무절제한 이성 교제에 대해 분명한 입장을 가져야 한다.

: 사실상 로맨스를 위한 연애만 있고, 결혼을 전제하지 않는다면 이런 류의 연애가 불신앙적인 것임을 교회는 가르칠 수 있어야 합니다.

4. 혼인을 전제하고 만나는 시기가 되는 이들에 대한 공식적인 혼인 전 교육 프로그램이 있어야 한다.

: 교회가 혼인을 위한 공적 교육을 정해놓는 것이 좋다고 생각합니다. 적어도 2,3개월 이상은 충분히 가르쳐 올바른 혼인, 올바른 부부관계, 올바른 자녀관 등을 배울 수 있어야 합니다.

5. 혼인 대상자의 부모가 될 분들 역시 세상적 기준이 아니라 신앙적 기준으로 혼인할 수 있도록 적극 협력해야 한다.

: 교회의 장로 · 권사님들조차 세상 사람들과 마찬가

지로 학벌, 재산, 직업, 집안을 보고 혼인 대상을 정한다는 이야기들을 곧잘 듣게 되는데, 무척 부끄러운 일입니다.

6. 그리고 실제 혼인예식을 치를 때에는 가장 성경적이며 언약 증시적인 예식을 선택하여(세상적으로 시끌벅적한 이벤트가 아닌) 엄숙하고 경건한 예식으로 드릴 수 있도록 교회와 혼인 당사자·집안이 모두 노력해야 한다.

혼인 예식에 대한 단상

하나님께서 사람을 지으셨을 때 흙을 빚어 육체를 만드신 일과 생령을 불어넣으신 일은 '온전한 합일체로서의 인간'을 만들었습니다. 하나님의 의도 안에서 사람은 영혼과 육체로 둘로 분리되지 않습니다. 이 말은 우리가 항상 사람을 생각할 때 영혼의 면만 중시하느라고 육체를 터부시하지 말아야 함을 함의하고 있습니다. 사람이 죽어 육체만 땅에 남고 영혼은 하나님 곁으로 가게 되는 것, 곧 영혼과 육체의 분리는 그 원인이 죄에 있습니다. 말하자면 이것은 원래 하나님으로부터 의도된 것은 아니라는 것입니다. 사람은 본래 영혼과 육체의 결합체로서만 의도되었고, 우리가 지금

죽음을 경험하면서 영혼과 육체가 분리되는 현상은 오직 죄 때문에만 일어나게 된 일입니다.

이렇게 생각할 때 우리들의 삶에서 '본질을 중시하는 일'과 '형식을 구현하는 일'은 좀 더 균형 잡힌 무게를 갖게 됩니다. 어떤 사람들은 형식에 지나치게 치중하는 경향이 있습니다. 이것이 강화되면 보통 '율법주의'라고 불리게 됩니다. 겉모습을 화려하게 가꾸는 일, 체면과 치레를 중시하는 일, 이런 일들이 여기에 속합니다.

그러나 반대로 본질에만 치중하는 사람들도 있습니다. 이런 사람들은 말합니다. "본질이 중요하지 형식이 뭐가 중요한가!" 이렇게 생각하는 분들은 종종 '형식 파괴자'가 되는 경향이 있습니다. 예배의 본질을 얻기 위해 예배의 형식을 다 없애버리자는 식이 되는 것입니다.

우리는 이 둘의 양극단 속에서 우리가 '영혼과 몸 모두로' 지어진 존재라는 것을 기억해야 합니다. 우리는 영혼만으로 지어지지도 않았고, 몸만으로도 지어지지 않았습니다. 골로새서는 우리에게 하나님께서는 "보이는 것과 보이지 않는 것" 모두를 창조하셨다고 알려주고 있습니다(골 1:16). 즉, 우리는 본질을 추구해야 하면서도 동시에 형식이 그 본질을 구현하는 수단이라는 점을 균형 있게 추구해야 하는 것입니다.

그리고 이런 생각은 다른 방향에서 접근해서 생각해 보면 이렇게도 말할 수 있게 됩니다. "따라서 우리가 외형으로 무엇을 어떻게 하고 있는가는 자주 그 사람의 본질의 반영이다." 그렇습니다. 사람은 몸과 영혼이 뗄 수 없게 얽어져 있는 존재이기 때문에, 그의 본질은 반드시 그의 몸에(외형에) 반영됩니다.

이 입장에서 우리의 혼인 예식들을 생각해봅시다. 저는 오늘날의 혼인 예식들(외형)이 지나치게 '가벼운' 것은 혼인 자체(본질)가 가벼워진 것의 반영이라고 생각합니다. 과거에는 혼인이 '묵직'했습니다. 혼인 당사자도 혼주들도 참석하는 하객들도, 그 혼인 예식이 삶에 있어 아주 '무거운' 의식임을 지각하고 있었습니다.

하지만 시대가 가벼워지고, 무엇보다 성문화의 타락과 혼인 자체의 가벼워짐으로 인하여 혼인 예식이 갈수록 '일회성 이벤트'의 성격이 짙어져가고 있습니다. 다시 한 번 말씀드리지만 사람의 외형은 자주 그 본질의 반영입니다. 즉, 혼인 예식의 가벼워짐은 혼인 자체의 가벼워짐의 반영일 가능성이 매우 높은 것입니다.

그래서 점점 더 우리 주위에서 '진지한 혼인 예식'을 찾기 어려워져가고 있습니다. 세상에서는 통상 장난 같은 혼인들이 범람하고 있는데, 경계해야 할 사실은 교회가 주최하고 있는 예식 역시 점점 더 장난 같아지는 일이 많아지는 것입니다. 통상 주례를 하는 목사는 혼인 예식 중에 분명히 스스로의 입으로 "혼인은 하나님께서 두 사람을 한 몸으로 연합시켜 주는 일이다"라고 그 혼인의 무거움을 말합니다. 그런데 정작 그렇게 해 놓고서는 서약을 할 때, 신랑에게 큰 소리로 대답하게 종용하여 웃음바다로 만듭니다. 신랑과 신부가 서로에게 절할 때 "키스하세요!" 따위의 이야기를 해서 혼인 예식 전체를 쇼 비슷하게 만들어버리기도 합니다. 이것은 말의 앞과 뒤가 맞지 않는 비문(非文)처럼 어색한 것입니다. 혼인이 정말 하나님 앞에서의 서약이라면 우리는 진지해야 합니다. 만국을 다스리는 군주를 앞에 모시고 무언가 서약을 하는 자리에서 장난을 치거나 농담을 하는 간 큰 신민이 어디에 있겠습니까?

칼뱅 선생님은 시편 찬송에 대해 논하면서, "예배 음악은 세속 음악과는 달라야 한다"는 주장을 "Poid et Majeste"(무게와 위엄)라는 말로 요약했습니다. 음악의 장르를 선별하거나 악기를 무엇을 사용해야 하는가를 구체적으로 논하는 것이 아니라 살려야만 하는 본질의 요소를 말한 것입니다. 하나님께 드리는 예배에 사용되는 음악은 경망스럽거나 사람의 흥을 돋우는 것이 되어서는 안 되고, 적합한 무게를 갖추어야 한다고 말입니다.

혼례가 하나님 앞에서 두 사람을 잇는 진지한 서약임에도 불구하고 점점 더 가벼워지는 시대입니다. 혼인의 가벼움이라는 시대정신을 끊기 위해서라도 교회는 더욱 '무겁고 진지한 혼례'를 유지해야 합니다. 하나님 앞에서의 혼인은 그 자체가 언제나 무겁기 때문입니다.

Q. 혼인을 교회론적 관점에서 생각해본 적이 있습니까? 사람은 언제나 이기적이기 때문에 모든 일을 자신 위주로만 생각하는 경향이 있습니다. 이런 점에서 혼인은 '자기 행복의 궁극을 추구하는' 방편이 되어 왔습니다. 혼인과 교회의 관계를 배우고 생각하면서 어떤 점들을 느끼게 되었습니까?

Q. 성찬이 그리스도와의 내밀한 합방, 부부간의 밀접한 교제 관계를 드러내는 가장 중요한 방편이 된다는 것을 기억합시다. 내가 이해한 성찬은 주로 어떤 것에 치우친 것이었나요? 우리는 성찬을 그리스도와의 밀접한 연합의 측면에서 얼마나 이해하고 있습니까? 내가 최근에 참여했던 성찬을 생각하면서 어떤 요소들이 강조되었었는지, 또 거기 참여한 나는 무엇에 치중하였었는지를 돌아봅시다. 그리고 이 성찬의 횟수에 대해서도 함께 나누어봅시다.

Q. 이런 모든 일들을 위하여 교회의 혼인 교육은 매우 중요합니다. 교회가 혼인 교육을 구체적으로 어떻게 구성하고 실행하면 좋을지 각자의 아이디어를 나누어보도록 합시다.

Q. '무거운 혼인 예식', 일전에 김남준 목사님께 어떤 분이 "왜 목사님의 설교에는 유머가 없습니까?"라고 묻자, "유머를 원하시면 개그콘서트를 보십시오"라고 대답했다는 것을 읽은 적이 있습니다. 이 말은 단순한 위트가 아니라 둘의 본질이 전혀 공존할 수 없는 것임(유머와 설교)을 아프게 꼬집은 것입니다. 기묘하게도 '혼인'과 '엔터테인'이란 결합해서는 안 되는 것인데, 불신 세계에서는 이미 이것이 장악했습니다. 신자의 혼인이 어때야 할 것인지, 또 우리가 배운 글 대로라면 구체적으로 어떤 실행 장치들이 가능할 것인지, 의견을 나누어봅시다.

제5장
성경이 가르치는 남녀

시대정신과 성경적 사고

지난 2019년 5월 17일, 서울동부지법 민사 21부가 장신대 신학생 4명이 학교를 상대로 낸 징계처분 효력정지 가처분 소송이 받아들여졌다는 기사가 실렸습니다. 이 사건은 작년, 장신대 대학원생과 학부생 8명이 국제 성소수자 혐오 반대의 날인 5월 17일에 성소수자를 상징하는 무지개색 옷을 입고 채플에 참석한 일로 학교가 징계를 내린 것에 대해 내려진 법적 판단입니다.

교회의 목사가 될 사람들이 신학교, 그리고 채플에서 동성애자들을 지지했다면 이들은 바른 신앙적 자유를 위한 투

사인 것일까요, 교회와 성경의 적이 되는 것일까요? 우리는 동성애 자체의 문제를 차치하고서라도 이 신학생들이 가진 근본적인 정신에 대해 한 번쯤 생각해볼 수 있어야 합니다.

불과 몇 년 전에 SFC 간사로 섬기고 있는 동기 목사님에게 한 여대에서 강의를 하고 겪은 당황스런 일에 대해 들은 적이 있습니다. 성경이 가르치는 여성에 대해서 강의하던 중 여학생들의 빗발치는 항의성 질문 때문에 제대로 강의를 할 수가 없었다는 내용이었습니다. 성경이 가르치는 여성이 '반여성적'이었다는 것이지요. 이 역시 강의 내용이나 주제 자체를 일단 차치하고서라도 앞의 예와 비슷한 주제, 즉 이 여학생들이 가진 근본적인 정신에 대해 한 번쯤 생각해볼 필요가 있습니다.

신자로 살아간다는 것은 '성경의 사람'이 된다는 것입니다. 신자는 기본적으로 오직 성경만이 하나님의 유일한 계시라는 것을 믿고 받아들이는 사람들입니다. 개신교회가 로마교회로부터 개혁을 도모했던 가장 중요한 이유 중 하나는, 로마교회가 하나님의 독점적 권위를 두 권위(성경과 교회, 아니 심지어 성경보다 교회)에 두는 것에 반하여 오직 한 권위(오직 성경, sola scriptura)에만 두기를 바랐기 때문입니다.

그런데 오늘날 우리들의 모습을 보면 심지어 교회의 권위조차(성경을 넘어설 때) 인정하지 않았던 선배를 두고 있는 개신교회가 허무하게도 세속적 정신에 속절없이 무너지고 있는 모습을 보게 됩니다. 이때 '세속적 정신'이라는 것은 무언가 방탕하게 되는 것만을 말하는 것이 아니라, 개혁자들이 비록 빚을 지고 있긴 했으나 끝까지 의지하려고는 하지 않았던 인문주의의 그 '인본주의적 경향'을 말하는 것입니다.

다시 앞의 예로 돌아가 두 사건을 생각해봅시다. 무지개색 옷을 입은 신학생들의 마음을 사로잡고 있었던 근본적인 정신, 그 첫걸음이 되는 가치는 과연 성경으로부터 온 것이었을까요? 오히려 그들의 속에는 세상으로부터 배운 사랑과 박애가 중심에 있지 않았을까요? 기독 여대생들의 성적 가치관을 휘어잡고 있는 것은 오래되고 낡아 보이는 성경의 가르침이었을까요? 그들은 비록 기독교인이긴 했지만 오히려 훨씬 더 현대의 첨단 젠더 논리에 사로잡혀 있는 것은 아니었을까요?

성경을 읽고, 성경을 묵상하고, 성경으로 가치관이 형성되고, 성경이 가르치는 바를 따라 세상을 판단하는 사람들이 과연 앞의 두 예처럼 그렇게 행동할 수 있을까요? 성경으로부터 출발하여 생각하는 대신 세상이 가르치는 가치관을 먼저 학습한 후에, 자신들의 생각을 지지할 수 있는 몇몇 성경구절들을 인용하는 방식으로 성경을 보는 것을 말함이 아닙니다. 정말 성경 그 자체로부터, 그리고 교회의 유구한 역사 속에서 교회의 스승들이 성경을 이해해왔던 방식대로 그렇게 성경을 이해하면서도 저런 대답에 도달할 수가 있는 것일까 하는 말입니다.

우리는 의문을 표할 수밖에 없습니다. 많은 시대에 그래왔습니다. 크리소스토무스(Chrysostom)나 암브로시우스(Ambrose)의 시대에 이미 극장에서 동원하는 유머나 말 기술을 동원하여 사람들을 웃게 만들고 사로잡는 기술을 가진 설교자들을 염려하는 교부들의 글이 있었습니다. 종교개혁 시대에 이미 루터는 에라스무스(Erasmus)를 향하여 우리의 자유의지는 단지 노예의지일 뿐이라고 반박했고, 도르트 총회는 아르미니우스(Arminius) 주의자들의 모든 사상의 요체가 다름 아닌 '자유의지는 절대적이므로 심지어 하나님조차 여기에 관여해서는 안 된다'는 정신이라는 점을 간파하여 반대하였습니다.

우리는 정말 시대정신의 앞에 성경을 둘 수 있을까요?

과연 성경적 신자는 언제까지 이 시대를 이길 수 있을까요? 다른 주제들 역시 분투에 난관을 겪고 있지만 남성과 여성이라는 이 '젠더의 문제'에서 21세기를 살아가는 현대인들이 성경의 가치관을 갖는 것은 참으로 어렵다는 생각이 듭니다.

제가 보기에 오늘날의 젊은 기독 청년들은 두 세대로부터 동시에 공격을 받고 있습니다. 한편은 혼인을 별반 대수롭지 않은 것으로 여기고, 가정에서도 남편과 아내의 관계에 대해 성경적 배움을 별반 가지고픈 생각을 갖고 있지 않은 기성세대와 어른들입니다. 참으로 많은 어른들이 '적당히 마누라를 속여가며, 적당히 남편을 무시해가며' 살면서 교회 봉사만 잘하면 괜찮은 신앙생활인 것처럼 하고 살아갑니다. 그리고 다른 한편에는 무시무시한 화력을 가진 세속의 공격이 있습니다. 페미니즘, 젠더 이데올로기, 유리천장, 동성애, 82년생 김지영, 성적 타락, 문화홍수, 대학교 대나무숲, 거기에다 주변에 수많은 친구들의 충고와 조언들까지……남성과 여성에 대한 가치관을 도무지 성경을 통해 정립한다는 것 자체가 거의 불가능한 시대를 살고 있는 것이 현대의 기독 청년들입니다.

성경이 가르치는 혼인을 이해하는 마지막 주제는 성경이 가르치는 남성과 여성을 이해하는 것입니다. 이 마지막 주제에 이제 접근해 봅시다.

현대와 남녀의 성 역할

시편 19편은 "하늘이 하나님의 영광을 선포하고 궁창은 그의 손으로 하신 일을 나타낸다"(1절)라고 고백하고 있습니다. 이 말씀은 평범하게 자연을 노래하는 것처럼 보이지만 동시에 중요한 사실을 담고 있는데, 그것은 하나님께서 지으신 피조 세계는 그분의 영광, 그분의 의도를 담고 있다는 것입니다.

예를 들어, 하나님께서는 소는 제물로 사용할 수 있지만 돼지는 제물로 사용하지 못하게 하셨습니다. 생각해보십시오. 소나 제물이 그 자체의 가치로서 정결하거나 부정할 리 만무합니다. 더 우월한 피조물이 있을 리 없습니다. 그러나 정/부정의 짐승이 나뉘는 이유는 하나님께서 그러한 동물들을 통해서 무언가를 '나타내 보이게끔' 하셨기 때문입니다. 레위기 11장에 보면 이 두 동물을 구분 짓는 요소는 시각적으로 그 짐승이 굽으로 땅을 딛느냐 발바닥으로 땅을 믿느냐입니다. 즉, 이 동물들이 보여주는 바는 범죄 이후 더 럽혀진 땅과 직접 접촉하는 모양을 가진 동물이 부정하다는 것입니다. 구두를 신은 것처럼 굽을 가진 짐승이 정결합니 다. 하나님의 정결법은 그 동물 본질이 정/부정하다기보다 는 그것이 보여주는 바의 어떠함에 있습니다.

나병 같은 것도 마찬가지입니다. 하나님은 나병 환자들 을 진 밖으로 격리하게 하셨는데, 사람 사랑(딛 3:4)을 누구 보다 가지신 하나님께서 겨우 질병 따위로 사람을 차별하실 리 없습니다. 그러므로 이 역시 '보여주는 것'으로서, 다른 병보다 특히 나병은 그 질병의 징후가 살이 썩는 시체의 그 것을 보여주기 때문에 이 병은 가시적으로 죽음을 상징하는 것이므로, 하나님의 생명이 있는 여호와의 백성들의 진 안 에 있어서는 안 된다고 하신 것이었습니다. 병이 악한 것이 아니라 거기에 '의미 부여'가 들어 있습니다.

우리가 세상을 '하나님께서 우리에게 알려주시는 커다란 계시의 공간'이라고 이해한다면 남자와 여자에 대한 이해는 세상의 그것과는 전혀 달라야 합니다.

고대의 국가들에서 남자와 여자에 대한 이해는, 예를 들 자면 남자는 전쟁의 용사, 집 짓는 자, 땅의 추수꾼이었을 것입니다. 비슷한 방식으로 여자는 바느질하는 사람, 아이를 돌보는 이, 음식 만드는 자였을 것입니다. 고대의 남자와 여자의 이해는 다분히 기능적이고 그 시대적 요구에 부합하는 어떤 것이었습니다.

그러면 현대는 어떻습니까? 현대에도 역시 고대의 이해가 지속되는 부분도 있지만 현대에 와서 더욱 부각되고 있는 것은 기본적으로 성 자체를 무시하려는 태도입니다. 포스트 모던의 기호에 따라서 '성 역할'이라는 것을 상쇄시키거나 심지어는 아예 없앰으로써 '그들이 말하는 성적 평등'을 이루려고 하는 것입니다. '평등'이라는 말은 사용하는 사람마다 제각각이어서 규정하기는 어려움이 있지만, 어쨌거나 현대의 주류는 '남자와 여자는 기본적으로 똑같다'를 이루는 방향으로 가려는 경향이라는 것입니다.

하지만 우리가 성경의 남녀 상을 이해하려면 그 근저에 무조건 '현대적 이해'는 놓을 수 없음을 먼저 말해야 합니다. 말하자면 성경은 기본적으로 남자와 여자를 '다르다'고 말합니다. 이 말은 방금 고대의 이해에서처럼 남자는 꼭 바깥에서 일해야 하고, 여자는 꼭 집 안에서 일해야 한다는 식의 이야기가 아닙니다. '어디에서 무엇을'의 문제, 즉 그 기능을 어디에서 어떤 부분에 발휘할 것인가는 차치하고 중요한 점은 바로 그 말 자체, 곧 '남자와 여자가 다르다'는 점입니다. 성경은 하나님께서 남자와 여자를 '다르게 지으셨다'고 합니다. 따라서 여기에는 현대의 세상 사람들이 무시하고 외면하려고 하는 '성 역할'이 반드시 있습니다. 다시 말하지만 '여자는 집에서 일을 하는 것이 성경의 가치관이다'라는 말이 아닙니다. 그보다는 남자와 여자는 '보여주는 바'가 있다고 해야 하겠습니다. 하나님께서 두 성을 지으셨을 때 거기에는 섭리하시는 하나님의 땅을 향한 계시의 성격이 들어 있는 것입니다.

이렇게 볼 때 하나님께서 남자와 여자에게 주신 고유한 성 역할을 무너뜨리는 방향으로 나아가면 반드시 중요한 무언가가 상실될 수밖에 없습니다. 제사의식에서 "모든 동물은 평등하다!"라고 하면서 부정한 짐승도 정결한 짐승과 동등으로 대우해야 한다고 말한다면 둘을 구분 지음으로써 의도하셨던 하나님의 거룩에 대한 의도가 사라질 수밖에 없습니다. 마찬가지로 하나님은 남자와 여자를 똑같이 짓지 않으셨습니다. 분명 하나님께는 창조의 자유가 있으셨으므로, '아담과 하와'가 아니라 '아담과 아담2'로 하실 수도 있었습니다. 그러나 하나님은 그렇게 하지 않으시고 남자와 여자를 지으셨고, 남자와 여자에게 고유한 기능을 주셨습니다. 이것은 세상이 말하는 성 역할과는 조금 다릅니다. 우리는 이 고유의 기능을 특별히 고린도전서 11장에서 잘 발견할 수 있습니다.

고린도전서 11장의 가르침

고린도전서 11장에는 소위 '여자가 머리에 쓰는 문제'가 나옵니다. 4절과 5절을 읽어보면 남자는 머리에 무언가를 쓰고 기도나 예언을 해서는 안 되고, 여자는 반드시 머리에 무언가를 쓰고 해야 합니다. 이는 당연히 교회에서 공적 예배에서의 문제이고, 사적 영역에서나 가정에서 이행해야 할 무언가를 이야기한 것은 아닙니다. 말하자면 여자들은 교회에 와서 예배에 참여할 때 공적으로 머리에 무언가를 써야 한다는 것입니다. 실례로 성당에서 여성들이 머리에 흰 너울을 쓰는 것이나(미사보 · 미사포), 무슬림 여성들이 히잡을 쓰는 것(물론 무슬림은 그 근거가 꾸란이다)을 볼 수 있습니다. 연장 선상에 있는 것이라 생각하면 되겠습니다.

조금 더 뒤쪽을 보면 13절에서는 "여자가 쓰지 않고 하나님께 기도하는 것은 마땅하지 않은 것"이라고 하고, 14절에서는 "남자가 긴 머리가 있으면 스스로 부끄러움이 되는 것을 본성이 가르치고 있다"고 말합니다. 반대로 15절에서는 여자는 긴 머리가 영광으로, 쓰는 것을 대신하는 것이라고 하고 있습니다.

고린도전서 11장의 이 말씀은 남녀 문제라는 주제를 이야기하고 있기 때문에 대단히 오랜 시간 동안 논쟁의 중심에 있기도 했고, 이쪽 저쪽의 많은 사람들이 저마다 자기 주장을 입증하기 위해 사용하기도 했습니다.

하지만 해석에 들어가기 전 오히려 사전(事前)적 문제로 이 본문은 '해석학적 문제'를 가지고 있다고 해야 하겠습니다. 말하자면 이 본문은 성경 해석의 전통적 문제인 '이 말씀을 절대적 진리로 보아야 할 것이냐', '그 시대에만 국한해서 볼 것이냐'의 문제가 들어 있습니다.

아마도 이 본문에 대해 깊이 생각하지 않은 다수의 성도들은 오늘날 우리들이 예배 때 여성이라고 해서 무언가를 쓰지는 않기 때문에 이것을 쉽게 '시대적 문제'라고 대답할 것입니다. 하지만 이를 단순히 '시대적 문제'라고 하는 것은 아주 큰 문제를 발생시킵니다. 왜냐하면 오늘날 동성애나 여성 목사 제도를 지지하는 사람들이 주로 사용하는 방식이 바로 이것이기 때문입니다. 이들은 성경의 절대 진리를 '그 시대의 상대적인 문제'라고 격하시키기 위해 성경의 많은 부분을 '시대적 안경'을 끼고 읽어야 한다고 생각합니다. 이렇게 보아야 구약성경이 동성애를 죄악으로 본 것은 그 시대의 평가 때문이고, 바울 사도가 여성을 교회에 직분자로 둘 수 없다고 한 것은 사도 역시 그 시대의 아들로서 여성을 존중하지 않는 시대 풍조 때문에 그렇게 말한 것이라고 할 수 있기 때문입니다. 신학을 공부한 사람들은 사실상 이런 태도가 불트만(Bultmann)의 '비신화화'와 관념적으로는 같은 궤를 갖고 있다는 것을 알 것입니다. 결국 이런 태도는 성경을 모조리 '상대주의적 시각으로만' 보아야 한다는 생각을 갖게 만듭니다. 그러다 보니 이런 문제는 단순한 한 주제의 문제가 아니라 사실은 성경해석 전체의 판도를 결정짓는 중요한 문제라는 것을 깨닫게 됩니다.

우리는 성경이 하나님의 말씀이라고 믿는 사람들로서, 이런 입장을 거부합니다. 그리고 이것은 사실 교조주의적인 입장이라기보다는 성경을 합리적으로 이해하기만 하여도 충분히 검증될 수 있는 부분이라고 생각합니다. 왜냐하면 고린도전서 11장의 문제이든, 더 나아가 동성애나 여자 목사 제도의 문제이든, 모두 성경 스스로가 말하는 바를 타당하게 읽으려 하기만 한다면 동일한 결론에 도달할 것이라고 충분히 생각할 수 있기 때문입니다.

고린도전서 11장에서도 역시 이 문제가 단순한 시대의 문제가 아닌 이유는 아주 명백합니다. 왜냐하면 사도는 여자가 머리에 무언가를 쓰는 문제를 말할 때, 이것을 사회적 합의나 시대적 풍조에 기인한 것이라고 하지 않고, 그 기초를 "각 남자의 머리는 그리스도요 여자의 머리는 남자요 그리스도의 머리는 하나님"(3절)이라는 좀 더 크고 중요하며, 움직일 수 없고 움직여서는 안 되는 사실에 두고 있기 때문입니다. 동일하게 4절과 5절의 남자는 머리에 무엇을 쓰지 않고 여자가 머리에 쓰는 것의 이유를 7절에서 "남자는 하나님의 형상과 영광이므로 쓰지 않고, 여자는 남자의 영광이므로 쓰는 것"이라고, 좀 더 크고 중요하며 움직일 수 없고 움직여서는 안 되는 사실에 근거하여 말하고 있습니다. 더 나아가 사도는 여기에 "남자가 여자에게서 나지 않고 여자가 남자에게서 났고, 남자가 여자를 위하여 지음을 받은 것이 아니라 여자가 남자를 위하여 지음을 받았다"(8-9절)

라고 덧붙입니다.

'하나님의 영광을 나타냄'이나 '창조'라는 주제가 시대 풍조일 수 없습니다. 우리가 이런 일로 변론할 것을 사도도 이미 알고 있었기 때문에 16절에서는 "논쟁하려는 생각을 가진 자가 있을지라도 우리에게나 하나님의 모든 교회에는 이런 관례가 없다"라고 마무리를 짓고 있는데, 이 해석학적 문제의 키는 이 본문이 스스로 말하고 있는 바대로 말하려면, 결코 이런 문제들(동성애, 여자 직분자, 여자가 머리에 무언가를 쓰는 문제)을 시대적 풍조로 볼 수는 없다는 것입니다. 마치 말랑말랑한 물건이 딱딱한 벽에 뗄 수 없게 부착되어 있듯이, 여성이 머리에 무언가를 쓰는 문제는 관습이나 행태의 문제, 시대상의 문제가 아니라, 움직일 수 없는 진리인 남자와 여자의 본연의 문제, 하나님의 영광을 나타내는 문제, 창조의 문제와 뗄 수 없게 부착되어 있습니다. 따라서 우리는 이것을 '시대적인 문제'라고 말하지 말아야 합니다.

그러면 아마 누군가는 곧바로 이렇게 질문할 것입니다.

"그렇다면 머리에 무언가를 쓰는 것이 진리의 문제인가요?! 그러면 우리도 지금 예배 때 여자들이 무언가를 머리에 써야 한다는 뜻인가요?!"

이렇게 질문하는 것은 제가 앞서 말씀드린 문제를 잘 짚은 것이지만, 사실은 문제의 본질을 절반만 이해한 것입니다. 정확하게 말하면 대답은 이렇습니다.

"머리에 무언가를 쓰는 자체가 진리의 문제가 아니라, 머리에 무언가를 쓰는 것이 보여주고 있는 바가 진리의 문제이다."

그렇습니다. 성경을 상대주의적으로 읽는 사람들에게는 성경의 내용 자체가 아무런 의미가 없어집니다. 여자가 교회에서 머리에 무언가를 쓰는 것은 '단지 시대의 풍조를 보여주는 것' 외에 아무것도 아니기 때문에, 그 시대가 지나가면 성경의 그 내용은 '무시해도 되는 것'이 됩니다. 하지만 그렇지 않다고 말을 할 때에는 도리어 거꾸로의 문제를 조심해야 합니다. 성경은 이 사실을 '외형의 문제', '껍데기의 문제'로 말하고 있는 것은 또 아니기 때문입니다.

즉, 여자가 머리에 무언가를 쓰는 문제는 '시대의 풍조이기 때문에 아무 의미 없는 것'이라고 말해서는 결코 안 되지만, 그러나 다른 방향으로 동시에 '그러니까 쓰는 것을 해야 한다'는 '외형의 문제로' 가서도 안 되는 것입니다. 올바른 방향으로 가려면 고린도전서가 밝히고 있는 길 그대로를 따라가야 합니다. 고린도전서는 밝히 말합니다.

> "여자가 머리에 무언가를 쓰는 것은 권위 아래에 있는 것을 나타낸다."

그렇죠? '권위 아래에 있는 것'이 핵심이지, '머리에 쓰는 것'이 핵심이 아닙니다. 오늘날 우리가 세례 시에 굳이 성경의 양식대로 머리까지 잠기는 물에 들어가서 세례를 받지 않아도 괜찮은 이유는 우리가 이미 이 '잠기는 것의 의미'를 잘 알고 있기 때문입니다. 그렇다면 본질인 '죄의 씻음'이 제대로 드러나고 알려지기만 한다면 외형의 문제는 약간 바꾸어도 '괜찮은 문제'가 될 수 있습니다. 같은 방식으로 고린도 교회에 있었던 '여성이 머리에 무언가를 쓰는 문제'는 '권위 아래에 있다는 것'을 드러내기 위한 방식일 뿐입니다. 따라서 우리가 여기에서 붙잡아야 할 것은 미사포나 히잡을 써야 한다는 것이 아니라, 이 일의 핵심인 '권위 아래에 있는 우리들'이라는 주제입니다.

이렇게 해 놓고 고린도전서 11장의 내용을 큰 문맥 안에서 찬찬히 살펴보면, 사도가 이 규례를 통해 무엇을 말하려는지가 잘 드러납니다. 가까이에 있는 어떤 주석이든 뽑아 들어 살펴보면, 고린도전서 11장은 앞부분에 여성의 문제, 뒷부분에 성찬의 문제가 함께 묶여서 '교회의 질서'라는 주제를 말하고 있는 것임을 알 수 있습니다. 그리고 고린도전서는 12장부터 14장까지 큰 분량을 할애해서 '은사와 직분의 문제'를 다루고 있습니다(마지막 부분에서 다시 예배). 이렇게 볼 때 사실은 큰 구조에서는 고린도전서 11장부터 14장까지는 전체가 다 교회의 질서의 문제를 다루고 있음을 알 수 있습니다. 은사와 직분이라는 주제는 적어도 신약성경에서는 은사주의자들이 좋아하는 방식으로 다뤄지지 않습니다. 여기서는 '아주 교회적인 방식으로', 그러니까 은사가 어떻게 교회 직분의 근간이 되는가를 말하는 방식으로 다뤄집니다. 그리고 이때 하나님께서 은사를 통해 직분을 세우시고, 그 직분이 교회의 근간이 된다고 할 때 중요한 점이 '하나님의 뜻 아래', '하나님의 권위 아래'라는 개념입니다.

그래서 이 주제의 마지막 부분이 교회 질서에 있어 아주 유명한 구절인 "모든 것을 품위 있게 하고 질서 있게 하라"(고전14:40)는 말씀으로 맺어지고 있는 것입니다. 여기 '질서'라는 말이 바로 (헬라어로 '탁시스'라 하는데) '탓소'에서 유래한 말이고, 따라서 헬라어 '복종'(헬. 휘포탓소)이라는 말은 '질서 아래에 있다'라는 의미입니다. 즉, 고린도전서 11장에서 14장의 교회 질서에 대한 가르침의 종결부는 교회는 하나님의 질서 아래에 있다는 것이고, 이 질서를 말하는 데에 매우 적합한 대상으로서 여성을 말하고 있는 것입니다.

그러므로 보십시오. 고린도전서 14장 마지막 부분에 "하나님은 무질서의 하나님이 아니시다"(33절)라고 말씀하신 후에 "여자는 교회에서 잠잠하라"(34절)가 나옵니다. 12장부터 14장이 전체적으로 은사와 직분을 말하면서 예배를 언급하고 있는데 여기에서 '여성의 문제'를 이야기하는 것은 느닷없어 보입니다. 하지만 우리는 11장의 시작 역시 여성의 문제로 시작했음도 알고 있습니다(머리에 쓰는 문제). 즉, 이 고린도전서 11장부터 14장의 내용은 시작과 끝이 모두 여성의 문제에 대한 언급입니다.

따라서 이것을 여성 인권의 문제로 읽는 것은 성경을 대단히 잘못 이해하고 있는 것이고 부분적으로만 읽은 것입니다. 고린도전서의 이 부분의 주제는 여성의 인권이 아닙니다. 이 부분의 주제는 '하나님께서는 질서를 지으셨다는 것'입니다. 남성은 높고 여성은 낮다고 말하는 것이 성경의 의도가 아닙니다. 하나님은 교회를 '무질서의 교회'가 아닌 '하나님이 세우신 질서 아래의 교회'가 되기를 원하시고 이것을 위해 은사와 직분이 필요하며, 이를 이야기할 때 가장 좋은 예로써 '여성의 문제'를 말하고 있는 것입니다. 여성의 머리에 쓰는 문제는 이런 전체적 구도 속에서 읽어야 합니다. 그렇다면 이 문제는 사람 사이의 높고 낮음의 문제가 아니라 "하나님께서 우리에게 무언가를 정하시고 따르라고 말씀하신다면, 우리는 그것을 따름을 통해서 우리의 순종을 나타낸다"라고 해야 합니다.

결국 고린도전서 11장은 남성과 여성의 문제를 통해서 '성의 지위(地位)' 문제를 말하고 있는 것이 아니라 '신앙'을 말하고 있습니다.

일전에 어떤 목사님을 통해서 자기 교회에 출석하는 신학교 교수님 이야기를 들은 적이 있습니다. 누구나 존경할 만하고 학식도 높은 교수님인데, 설교 말씀을 누구보다 열

심히 듣고 누구에게나 본이 되도록 헌신하는 분이기 때문에 온 교회의 성도들이 다 존경한다고 말입니다. 만약에 이 교수님이 청중석에 앉아서 목사의 설교를 들으면서 "저 정도 설교는 누구나 하는 거 아니냐?", "이 말씀은 여기가 틀렸고, 저 말씀은 저기가 잘못됐다" 이렇게 이야기했다면, 설령 그 말이 옳았다 한들 누구도 그 교수님을 좋아하지 않았을 것입니다.

고린도전서 11장은 여성이 머리에 쓰는 문제를 통해서 "여자는 권세 아래에 있는 표를 그 머리 위에 둔 것"(10절)이라 말씀합니다. 또 12장부터 14장의 전체 문맥에서는 '하나님의 질서 아래에서 단정한 교회'를 가르치고 있습니다. 이 가르침의 의미에서 여성의 역할이 무엇입니까? 고린도전서는 단지 사회 속에서의 여성상에 대해 말하고 있는데, 그저 시대가 고리타분하다 보니 저 정도로밖에 여성의 지위를 말할 수밖에 없었던 것입니까?

그렇지 않습니다. 여성의 위치를 "권세 아래에 있는 표"로 이해한다는 것은, 여성이 가진 지위 자체가 교회 안에서 하나님의 권세 아래에 신자가 복종해야 한다는 것을 '보여주고 있는 네온사인의 역할'을 한다는 의미입니다. 다르게는 '그리스도의 순종'이나 '그리스도의 낮아지심'을 보여주고 있다는 것입니다.

신자는 '누구나' 하나님의 말씀 앞에 복종해야 합니다. 신자는 '누구나' 그리스도처럼 성부의 말씀하심에 자신을 낮추어야 합니다. 신자는 '누구나' 나 자신을 드러내기보다는 하나님 앞에 겸손하여야 합니다. 그런데 이것을 교회 안에서 가장 현저하게 드러내야 하는 이로서 하나님께서 세운 이들이 바로 여성들이라는 것입니다! 여성들이 권세 아래에 있는 표를 그 머리에 지니고 예배 시간에 참석했을 때에 고린도교회 성도들은 모두 발견하게 될 것입니다. 우리들 모두가 다 하나님의 자녀들로서 그분의 말씀하심에 순복해야 한다는 점을 말입니다. 따라서 여성의 지위는 시위하고 있습니다. 모든 신자가 하나님 앞에서 자신을 낮추어야 하고, 그분의 말씀을 들어야 한다는 사실을 말입니다. 여성의 위치 자체가 직분적 사역입니다!

오늘날 교회들이 이것을 이해하지 못했기 때문에, 즉 '신학의 문제'를 '신학의 문제'로 볼 수 있는 안목이 없었기 때문에 이를 단지 세속적 사고방식 그대로 파악하여 여성 직분자의 문제를 단순히 '사회적 지위'의 문제로 취급하거나

'젠더 논리'로 가져갔습니다. 성경을, 마치 시대에 뒤떨어진 책 취급을 하는 것을 교회가 스스로 인정했습니다. 성경을 모든 시대에 무(無)시대적 진리라고 말해놓고, 그런 무시대 적인 진리는 "예수님이 여러분을 구원하십니다"와 같은 몇 몇 가르침에만 국한시키고, 저런 여성 문제와 같은 부분들 에서는 성경은 매우 구시대적인 책일 뿐이라고 신자들이 스스로 공표한 것입니다.

그래서는 안 됩니다. 성경이 여성들을 교회의 직분자로 세우는 것을 금한 것은 시대적 통념에서 여성들을 배제했기 때문이거나, 여성들이 직분을 감당할 능력이 없다고 판단 했기 때문이 아닙니다. 오히려 성경은 이렇게 하는 것을 통 해 우리들에게 가르치려는 것이 있었습니다. 왜 여성 직분 자를 금할 때 성경이 그 근거를 '시대적 정황'에 두지 아니하 고 '창조의 질서나 하와의 타락'(딤전 2:12-14), 교회의 질서 (고전 11-14장)를 갖고 말했습니까? 여성들이 직분자가 '되 지 않음'은 단지 소극적으로 '되지 않음'의 문제로 그치는 것 이 아니라, 그것을 통해서 우리에게 적극적으로 가르치려 는 것이 있었기 때문입니다. 곧 모든 교회들은 여성의 위치 를 통해서 모든 신자들이 하나님의 말씀하심 아래에 복종하는 법을 배웠어야만 합니다.

이런 점에서 교회 안에서 여성의 역할은 대단히 중요합니다. 신약성경은 사실 그 시대의 어느 곳에서도 발견하지 못할 만큼, 여성들이 적극적이고 활동적이었음을 증언하는 책입니다. 그럼에도 교회에서 여성들은 이와는 좀 다르게 성경의 중요한 가르침을 시위하는 역할을 해야만 합니다. 그것이 바로 우리가 앞서 말한 '순종의 직무'입니다. 글의 첫머리에 예로 들었던 교수님처럼, 혹 아내가 더 학벌이 높고 리더십이 있더라도 겸손하게 남편을 세워주는 가정을 통해, 혹 성경말씀에 더 능통하고 더 사람들에게 인정을 받더라도 직분자의 뒤편에서 헌신하는 여성 성도들을 통해, 그렇게 일하는 것을 통해서 교회 안의 여성들은 '순종의 직무'를 가장 잘 보여주는 역할을 할 수 있는 것입니다.

혼인과 가정의 문제는 결국 남성과 여성의 문제와 깊은 관련이 있습니다. 바른 혼인이 세워지는 데에는 남성상과 여성상이 바르게 세워지는 것이 매우 중요합니다. 말씀에 대한 이러한 일련의 이해들이 더욱 굳건해져서, 많은 교회들이 섬기는 여성들을 통한 질서의 풍성한 기쁨을 누릴 수 있게 되기를 바랍니다.

Q. '남성성'과 '여성성'에 대한 토론의 문제는 결국 '시대상'을 따를 것인가, '성경'을 따를 것인가의 문제가 됩니다. 우리는 교회라는 학교에서 사고가 형성되어야 하는데, 불행히도 세상에서 사고를 구축한 후에 교회 속에 들어옵니다. 이런 중요한 예들 중에 어떤 것들이 있는지 생각해봅시다.

Q. '성 역할'이라고 할 때, 성 역할을 "가정에서 무슨 일을 할 것이냐?"라는 문제와 구분짓는 것은 어떤 면에서는 어려워 보입니다. 사람은 통념적으로 '여자가 해야 할 일'이라고 하면 선입견이 있기 때문입니다. 그런 점에서 성 역할에 대해서도 성경을 통해 배워야 합니다. 다시 '복종'과 '사랑'이라는 개념을 떠올리면서 가정의 남편과 아내의 여러 가지 일들, 역할들 중에 '성경적 성 역할'로서 나누어야 할 부분과 그렇지 않기 때문에 누구나 유용한 대로 해도 되는 일들을 한 번 목록으로 만들고 공유해봅시다.

Q. '여자들이 머리에 무언가를 쓰는 문제'는 한편으로는 '무시'당하지만, 동시에 성경의 가르침을 무시대적으로 지키려고 하는 이들에게는 율법주의로 나아가게 될 위험이 도사리고 있습니다. 읽은 내용들을 정리하면서, 외형으로 나타나는 이런 문제들은 어떤 점에서는 해야 할 일이 되고 또 어떤 점에서는 할 필요가 없는 문제가 되는지 그 기준선을 이야기해봅시다.

Q. 고린도전서를 통해, 그리고 성경 전체가 알려주는 남성의 남성성은 '그리스도를 드러내는 사제로서', 여성의 여성성은 '교회를 드러내는 순종하는 성도로서'의 기능입니다. 하나님은 이 아름다움을 먼저 가정에 심으시고, 그다음 교회에서 나타나게 하셨습니다. 혼인에 대한 배움 전체를 정리하면서, 내가 남성으로/여성으로 어떤 가치관을 가지고 무엇을 하면서(가정에서, 교회에서) 살아가야 할 것인지에 대해 함께 나눠보는 시간을 갖도록 합시다.

나가며

나의 사랑, 내 어여쁜 자야!

"나의 사랑하는 자가 내게 말하여 이르기를 나의 사랑, 내 어여쁜 자야 일어나서 함께 가자 겨울도 지나고 비도 그쳤고 지면에는 꽃이 피고 새가 노래할 때가 이르렀는데 비둘기의 소리가 우리 땅에 들리는구나……내 사랑하는 자야 날이 저물고 그림자가 사라지기 전에 돌아와서 베데르 산의 노루와 어린 사슴 같을지라"(아 2:10-17)

개혁파 진영 안에서 아가서에 대한 이해는 크게 둘 정도로 말하자면, 한편은 아가서의 남녀를 그리스도와 교회와의 관계로 읽는 것이고, 다른 한편은 그것도 물론이겠지만 동시에 여기 일반은총으로서의 혼인과 사랑에 대한 내용이 담겼다는 것입니다. 둘 모두 아가서가 가진 아름다움을 잘 보여주고 있다고 생각합니다. 남편과 아내의 사랑은 그 자체로도 심오하고 아름다우며, 또한 그것이 그리스도와 교회를 드러낸다는 점에서도 동시에 심오하고 아름답습니다.

혼인에 대한 글을 맺으며 기억하고 싶은 것은 사랑이 되었건 혼인이 되었건 남편과 아내 사이의 관계가 되었건 연인 관계에서의 사랑에 대한 이야기가 되었건, 하나님의 복되신 은총이 자기 자리를 차지하고 있을 때에 복되고 아름답다는 것이며, 이것이 자기 자리를 이탈할 때에는 더럽고 추하고 불안하고 계면쩍은 것이 된다는 사실입니다.

우리는 생명의 잉태와 탄생이 얼마나 큰 하나님의 복인지를 잘 압니다. 하지만 이 생명의 잉태가 혼인의 바깥에서 이루어질 때 얼마나 당사자들을 당황케 하는지를 생각해보십시오. 언약적 혼인 관계 안에서 잉태된 아기는 하나님께서 주신 커다란 선물이며, 부모와 친지들에게 말 못할 기쁨을 주는 것이지만, 미혼 남녀의 불장난으로 잉태된 아이는 그들에게도 가까운 이들에게도 재앙입니다. 우리는 TV나 인터넷에서 미혼 여성이 남자 친구에게 "임신했어"라고 말할 때 그 남자 친구가 보이는 반응을 가끔 보곤 하는데, 대부분 어떤 경우에도 새롭게 잉태된 아기는 환영받지 못합니다.

하나님께서 주신 복된 생명이 '환영받지 못하는 대상'이 되는 이유는 간단합니다. 그것이 '죄 가운데' 일어난 일, '하나님께서 원래 의도하시지 않은 방식으로' 일어난 일이기 때문입니다. 그리고 이런 일은 곧바로 '다시 다른 종류의 죄로' 나아갑니다. 낙태, 곧 생명의 삭제로 나아가는 것입니다. 불신자들에게는 물론이려니와 혹 이 대상자가 신자라면 간음죄에 살인죄를 연거푸 저지르게 되는 무시무시한 일이 일어나게 됩니다.

혼인에 대해 살핀 이 글들의 결론은 이것입니다. 하나님은 선물을 주셨고, 따라서 우리는 그 선물을 '선물로' 받고 이해할 수 있게 되어야 한다는 것입니다. 하나님은 사람을 홀로 두지 아니하시고 삼위 하나님의 교제를 깨닫는 방식으로 살도록 배우자를 주셨습니다. 그렇다면 혼인은 삼위 하나님의 복되신 교제를 맛볼 수 있는 중요한 방편입니다. 그러나 복이 불신앙과 결합하면 언제나 저주와 재앙이 되듯이, 인류는 끊임없이 하나님의 뜻으로부터 멀어져가는 방식으로 이 선물을 사용해왔습니다. 성적 일탈은 인류 역사의 모든 지점에서 '항상' 있어 왔던 일이며, 혼인을 그릇되게 이해하는 불신 세계의 불신앙적인 태도 역시 인류 역사의 모든 지점에서 '항상' 있어 왔던 일입니다.

이런 가운데 그리스도인들에게는 이 복을 올바로 볼 수 있는 눈과 이것을 올바로 지켜 행할 수 있는 용기가 필요합니다. 세상은 어느 때보다도 세속화의 영향력이 강력한 시대로 나아가고 있고, 그리스도인들은 어느 때보다 약해져 있습니다. 이런 때를 살아가면서 우리에게 요청되는 것은 항상 '바르게 배우고', '바르게 실천하는 삶'입니다.

학생들과 청년들은 일찍부터 성경이 가르치는 혼인의 의미를 배우도록 합시다. 젊은 부부들은 자신들의 혼인이 이 성경적 의미에 정초(定礎)할 수 있도록 실천적 삶을 강화합시다. 오랜 부부들과 홀로 된 연로한 이들은 스스로의 삶과 교회의 뒷 세대들을 위하여 바른 혼인을 가르치는 일에 많은 관심을 쏟도록 합시다.

언제나 그렇지만, 어그러져 있는 것을 똑바로 펴는 일은 어렵습니다. 애초에 바로 갔으면 될 양이지만, 우리는 별로 그러지 못했습니다. 혼인에 대해서 우리는 잘 배우지 못했고, 많은 우리의 앞선 선배들은 교회를 다니기만 하고 혼인의 삶에 대해서는 세상과 비슷하게 살아왔을 뿐입니다. 하지만 어그러져 있다고 해서 포기해서는 안 됩니다. 어그러져 있지만 펼 수 있게 애써야 합니다. 말씀 본위로 돌아갈 수 있도록 지금이라도 발자국 떼기를 시작해야 합니다.

아가서가 그리고 있는 혼인의 기쁨이 성도들의 부부 생활 속에서 드러나게 되기를 소망합니다. 그리고 이것이 가능한 유일한 길이 말씀 안에 지속적으로 머무는 일 뿐이라는 것을, 항상 기억하며 기도합시다.

참고문헌

팀 켈러, 『결혼을 말하다』, 두란노, 2014.

존 파이퍼, 『결혼 신학』, 부흥과 개혁사, 2010.

아우구스티누스, 『아우구스티누스의 결혼론』, 야웨의 말씀, 2010.

마틴 로이드 존스, 『그리스도인의 결혼생활』, 생명의 말씀사, 2012.

존 위티 주니어, 『성례에서 계약으로』, 대한기독교서회, 2006.

제임스 헐리, 『성경이 말하는 남녀의 역할과 위치』, 여수룬, 1989.

레이 오틀런드, 『결혼과 복음의 신비』, 부흥과 개혁사, 2017.

헨리 클라우드/존 타운센드, 『NO!라고 말할 줄 아는 데이트』, 좋은씨앗, 2001.

헨리 클라우드/존 타운센드, 『NO!라고 말할 줄 아는 남편과 아내』, 좋은씨앗, 2001.